Dorothee Peglau

AF286551

Gottesdienste im Altenheim 2

Arbeitshilfen für die Praxis

Luther-Verlag

Bibliographische Information Der Deutschen Nationalbibliothek

Die Deutsche Nationalbibliothek verzeichnet diese Publikation
in der Deutschen Nationalbibliographie;
detaillierte bibliographische Daten sind im Internet
über http://dnb.d-nb.de abrufbar.

ISBN: 978-3-7858-0552-7

Umwelthinweis:
Dieses Buch wurde auf chlorfrei gebleichtem Papier gedruckt.

© Luther-Verlag, Bielefeld 2. Auflage 2010

Das Werk einschließlich aller seiner Teile ist urheberrechtlich geschützt.
Jede Verwertung außerhalb der engen Grenzen des Urheberrechts
ist ohne Zustimmung des Verlages unzulässig und strafbar.
Das gilt insbesondere für Vervielfältigungen, Übersetzungen,
Mikroverfilmungen und die Einspeicherung und Verarbeitung
in elektronischen Systemen.

Umschlaggestaltung: k + p Mediateam, Bielefeld
Titelbild: William Mahar © www.fotolia.de
Druck und Bindung: ROSCH-BUCH Druckerei GmbH, Scheßlitz

Printed in Germany

Inhalt

Vorwort

Mit dem Buch „Gottesdienste im Altenheim 2" liegt ein weiterer Band mit Gottesdienst-Entwürfen für die pastorale Praxis sowie die eigene Andacht vor.

Wie die beiden Vorgänger-Bücher „Gottesdienste im Krankenhaus" und „Gottesdienste im Altenheim" sind die Arbeitshilfen aus der Praxis für die Praxis entstanden.

Die Reihenfolge der Entwürfe orientiert sich am Kirchenjahr. Jede Einheit besteht aus Predigt, Bibeltext, Psalm und Liedvorschlägen (Texte aus dem EG-Regionalteil Rheinland, Westfalen und Lippe sind mit RWL gekennzeichnet). Die einzelnen Teile sind thematisch aufeinander bezogen, können aber auch mit Bausteinen aus anderen Einheiten kombiniert werden. Je nach Anforderung ist es möglich, die Einheiten zu kürzen oder zu ergänzen und nach eigenem Geschmack zu verändern.

Die Gottesdienst-Entwürfe eignen sich dazu, im Altenheim, Krankenhaus und bei diversen Gemeindeveranstaltungen verwendet zu werden. Darüber hinaus schätzen manche Leserinnen und Leser das Buch für die eigene persönliche Andacht.

Ein Register am Ende des Buches gibt eine Übersicht über die verwendeten Bibelstellen, Psalmen und Lieder.

Januar 2008   *Dorothee Peglau*

Ja

Gottesdienst zu 2. Korinther 1,18–22
4. Advent

Liebe Gemeinde,

Sie kennen die Situation, dass Sie auf eine Frage eine klare Antwort – ja oder nein – erwarten. Wie oft jedoch klingt eine Antwort wie: Ja, aber … und dann kommen Einwände oder Bedingungen für das Ja. Oder es heißt: Das kann ich nur mit ja und nein beantworten. Eine andere Variante ist das unbestimmte „vielleicht". Wer Klarheit braucht, kommt mit diesen Antworten nicht weiter.

Jesus weist seine Jünger an, klar zu antworten: *Eure Rede sei: Ja, ja, nein, nein. Alles andere ist vom Übel* (Mt. 5,37). Klarheit vermeidet Verwirrung und Unsicherheit.
Das gilt insbesondere für die Inhalte des Glaubens. Viele Glaubende aus allen Zeiten sind dadurch miteinander verbunden, dass sie eine Kluft erlebten zwischen den Verheißungen Gottes und ihrem Lebensschicksal: dass ein gerechter, ein frommer Mensch leiden muss, manchmal sogar schlimmer leidet als ein Gottloser. Da wird die Frage danach wach, wie Gott das zulassen kann, wie sich das zu seinen Verheißungen von Segen und Heil verhält. Mit den Generationen vor uns, mit uns und nach uns warten wir, hoffen wir darauf, dass sich Gottes Verheißungen erfüllen.

Der heutige Predigttext greift die alte Frage nach Gottes Verlässlichkeit auf. Paulus schreibt an die Gemeinde in Korinth:

Gott ist mein Zeuge, dass unser Wort an euch nicht Ja und Nein zugleich ist. Denn der Sohn Gottes, Jesus Christus, der unter euch durch uns gepredigt worden ist, durch mich und Silvanus und Timotheus, der war nicht Ja und Nein, sondern es war Ja in ihm.

Denn auf alle Gottesverheißungen ist in ihm das Ja; darum sprechen wir auch durch ihn das Amen, Gott zum Lobe. Gott ist's aber, der uns fest macht samt euch in Christus und uns gesalbt und versiegelt und in unsre Herzen als Unterpfand den Geist gegeben hat.

2. KOR. 1,18–22

Auf alle Gottesverheißungen ist in Christus das Ja. Ich entfalte diese Aussage in zwei Richtungen: in eine zeitliche Perspektive und in eine inhaltliche Dimension.

Paulus spielt auf die alttestamentlichen Verheißungen an das Volk Israel an. Die Ankündigung eines messianischen Friedensreiches, das Ende der inneren und äußeren Knechtschaft, die Vision, wie die Völker gemeinsam Gott auf dem Zion anbeten, das Kommen des Hirten, der sein Volk gerecht, weise und voller Erbarmen leitet. Viele dieser Texte hören wir in den Wochen des Advents, um uns auf das Kommen Gottes vorzubereiten, uns danach auszustrecken.

Die Verheißungen des Alten Testaments waren in die damalige Situation hineingesprochen. Manche erfüllten sich unmittelbar, manche in einiger Zeit danach. Manche sind bis heute unerfüllt. Die Verheißungen bleiben weiter gültig, sie sind zeitlos. Ihre einmalige Erfüllung hebt sie nicht auf. Es ist wie im Gebirge, wenn Sie vor sich mehrere Bergketten sehen. Jede Bergkette steht für ein Zeitalter. Die Verheißungen gelten für jede Bergkette neu, egal wie viele hintereinander stehen; sie reichen weiter als unsere Augen sehen.

Auf alle Gottesverheißungen ist in Christus das Ja. Auf die Zeit bezogen gelten alle göttlichen Verheißungen aus früherer Zeit gegenwärtig für uns heute. Warum? Weil sie durch Christus für uns aktualisiert sind. Weil in Christus die Zeit sich gewendet hat, weil sich in ihm die vergangenen, gegenwärtigen und zukünftigen Generationen im Lob Gottes vereinen.

Damit ist schon die inhaltliche Seite berührt. Gott hatte mit dem Volk Israel nach dem Auszug aus Ägypten am Berg Sinai einen Bund geschlossen. Für uns Christen hat sich dieser Bund in Tod und Auferstehung Jesu erneuert und erweitert, so dass wir – die ursprünglichen Heiden – in den

Gottesbund mit aufgenommen sind. In den Sakramenten Taufe und Abendmahl feiern und aktualisieren wir diesen Bund. Durch Christus gehören wir
jetzt mit zum Gottesvolk. Darum steht auf alle Verheißungen aus früherer
Zeit für uns ein Ja darauf. Ein klares, eindeutiges Ja ohne Vorbedingung,
ohne Wenn und Aber. Die Segenslinie Gottes von der Erschaffung der
Welt über die Auserwählung Abrahams und Israels öffnet sich in dem
Messias Jesus für alle Welt. Das Heil wird schrankenlos, wenn seine sichtbare Erfüllung auch noch aussteht. Mit dem jüdischen Volk warten wir auf
einen neuen Himmel und eine neue Erde, in denen Gerechtigkeit und Frieden für alle sein werden. Dieses Reich Gottes wird universal sein und alle
Geschöpfe – auch die Tiere und Pflanzen – einbeziehen.

Doch das Warten darauf wird uns manchmal lang. Den Kummer auszuhalten, fällt bisweilen schwer. Der Apostel Paulus wusste aus eigener
schmerzhafter Erfahrung darum, wie gefährdet der Glauben angesichts von
Bedrohung und Ungerechtigkeit ist. Darum vergewissert er die Gemeinde
darin, dass sie ein unverlierbares Unterpfand für die Verheißungen Gottes
hat: die Gabe des Heiligen Geistes, mit dem wir in unserer Taufe versiegelt
worden sind. Der Heilige Geist als die Gegenwart Gottes unter uns Menschen erinnert uns an das Wort Gottes, er macht uns dadurch standhaft in
der Not, dass wir über die gegenwärtige Situation hinausschauen auf das
mutige Lebenszeugnis früherer Glaubenden. In der Solidarität der Verwundeten und Schwachen werden wir getröstet, unser Leiden zu tragen
und auf das Kommen des Reiches Gottes zu warten, in dem es keine Trä-
nen, kein Leid und kein Geschrei mehr geben wird.

Auf alle Gottesverheißungen ist in Christus das Ja. Bei allen Verheißungen
können Sie Ihren Namen einsetzen. *Auf alle Gottesverheißungen ist in
Christus das Ja* – für uns – heute, morgen und in Ewigkeit.

Amen.

LITURGISCHE BAUSTEINE

Tröstet, tröstet mein Volk! spricht euer Gott. Redet mit Jerusalem freundlich und prediget ihr, dass ihre Knechtschaft ein Ende hat, dass ihre Schuld vergeben ist; denn sie hat doppelte Strafe empfangen von der Hand des Herrn für alle ihre Sünden.

Es ruft eine Stimme: In der Wüste bereitet dem Herrn den Weg, macht in der Steppe eine ebene Bahn unserm Gott! Alle Täler sollen erhöht werden, und alle Berge und Hügel sollen erniedrigt werden, und was uneben ist, soll gerade, und was hügelig ist, soll eben werden; denn die Herrlichkeit des Herrn soll offenbart werden, und alles Fleisch miteinander wird es sehen; denn des Herrn Mund hat's geredet.

Es spricht eine Stimme: Predige!, und ich sprach: Was soll ich predigen? Alles Fleisch ist Gras, und alle seine Güte ist wie eine Blume auf dem Felde. Das Gras verdorrt, die Blume verwelkt; denn des Herrn Odem bläst darein. Ja, Gras ist das Volk! Das Gras verdorrt, die Blume verwelkt, aber das Wort unseres Gottes bleibt ewiglich.

Zion, du Freudenbotin, steig auf einen hohen Berg; Jerusalem, du Freudenbotin, erhebe deine Stimme mit Macht; erhebe sie und fürchte dich nicht! Sage den Städten Judas: Siehe, da ist euer Gott; siehe, da ist Gott der Herr! Er kommt gewaltig, und sein Arm wird herrschen. Siehe, was er gewann, ist bei ihm, und was er sich erwarb, geht vor ihm her. Er wird seine Herde weiden wie ein Hirte. Er wird die Lämmer in seinen Arm sammeln und im Bausch seines Gewandes tragen und die Mutterschafe führen.

JES. 40,1–11

Die Nacht ist vorgedrungen, der Tag ist nicht mehr fern!
So sei nun Lob gesungen dem hellen Morgenstern!
Auch wer zur Nacht geweinet, der stimme froh mit ein.
Der Morgenstern bescheinet auch deine Angst und Pein.

Dem alle Engel dienen, wird nun ein Kind und Knecht.
Gott selber ist erschienen zur Sühne für sein Recht.
Wer schuldig ist auf Erden, verhüll nicht mehr sein Haupt.
Er soll errettet werden, wenn er dem Kinde glaubt.

Die Nacht ist schon im Schwinden, macht euch zum Stalle auf!
Ihr sollt das Heil dort finden, das aller Zeiten Lauf
von Anfang an verkündet, seit eure Schuld geschah.
Nun hat sich euch verbündet, den Gott selbst ausersah.

Noch manche Nacht wird fallen auf Menschenleid und -schuld.
Doch wandert nun mit allen der Stern der Gotteshuld.
Beglänzt von seinem Lichte, hält euch kein Dunkel mehr,
von Gottes Angesichte kam euch die Rettung her.

Gott will im Dunkel wohnen und hat es doch erhellt.
Als wollte er belohnen, so richtet er die Welt.
Der sich den Erdkreis baute, der lässt den Sünder nicht.
Wer hier dem Sohn vertraute, kommt dort aus dem Gericht.

Jochen Klepper 1938 (EG 16, 1–5)
Aus ders., Ziel der Zeit, © Luther-Verlag Bielefeld 2008[8], S. 58 f.

Herr, höre mein Gebet
und lass mein Schreien zu dir kommen!
Verbirg dein Antlitz nicht vor mir in der Not,
neige deine Ohren zu mir;
wenn ich dich anrufe, so erhöre mich bald!
Denn meine Tage sind vergangen wie ein Rauch,
und meine Gebeine sind verbrannt wie von Feuer.
Ich bin wie die Eule in der Einöde,
wie das Käuzchen in den Trümmern.
Ich wache und klage
wie ein einsamer Vogel auf dem Dache.

Meine Tage sind dahin wie ein Schatten,
und ich verdorre wie Gras.
Du aber, Herr, bleibst ewiglich
und dein Name für und für.
Du wollest dich aufmachen und über Zion erbarmen;
denn es ist Zeit, dass du ihm gnädig seist,
und die Stunde ist gekommen.
Denn er schaut von seiner heiligen Höhe,
der Herr sieht vom Himmel auf die Erde,
dass er das Seufzen der Gefangenen höre
und losmache die Kinder des Todes,
dass sie in Zion verkünden den Namen des Herrn
und sein Lob in Jerusalem,
wenn die Völker zusammenkommen
und die Königreiche, dem Herrn zu dienen.

Ps. 102 (EG RWL 744.1–2)

WEITERE LIEDVORSCHLÄGE:

EG 1   MACHT HOCH DIE TÜR, DIE TOR MACHT WEIT

EG 7   O HEILAND, REIß DIE HIMMEL AUF

EG 11   WIE SOLL ICH DICH EMPFANGEN

EG 12   GOTT SEI DANK DURCH ALLE WELT

WENDE

Weihnachtsgottesdienst zu Lukas 2,1–20
Heiligabend

Es begab sich aber zu der Zeit, dass ein Gebot von dem Kaiser Augustus ausging, dass alle Welt geschätzt würde. Und diese Schätzung war die allererste und geschah zur Zeit, da Quirinius Statthalter in Syrien war. Und jedermann ging, dass er sich schätzen ließe, ein jeder in seine Stadt.

Da machte sich auf auch Josef aus Galiläa, aus der Stadt Nazareth, in das jüdische Land zur Stadt Davids, die da heißt Bethlehem, weil er aus dem Hause und Geschlechte Davids war, damit er sich schätzen ließe mit Maria, seinem vertrauten Weibe; die war schwanger. Und als sie dort waren, kam die Zeit, dass sie gebären sollte. Und sie gebar ihren ersten Sohn und wickelte ihn in Windeln und legte ihn in eine Krippe; denn sie hatten sonst keinen Raum in der Herberge.

Und es waren Hirten in derselben Gegend auf dem Felde bei den Hürden, die hüteten des Nachts ihre Herde. Und der Engel des Herrn trat zu ihnen, und die Klarheit des Herrn leuchtete um sie; und sie fürchteten sich sehr. Und der Engel sprach zu ihnen: Fürchtet euch nicht! Siehe, ich verkündige euch große Freude, die allem Volk widerfahren wird; denn euch ist heute der Heiland geboren, welcher ist Christus, der Herr, in der Stadt Davids. Und das habt zum Zeichen: Ihr werdet finden das Kind in Windeln gewickelt und in einer Krippe liegen. Und alsbald war da bei dem Engel die Menge der himmlischen Heerscharen, die lobten Gott und sprachen: Ehre sei Gott in der Höhe und Friede auf Erden bei den Menschen seines Wohlgefallens.

Und als die Engel von ihnen gen Himmel fuhren, sprachen die Hirten untereinander: Lasst uns nun gehen nach Bethlehem und die Geschichte sehen, die da geschehen ist, die uns der Herr kundgetan hat. Und sie kamen eilend und fanden beide, Maria und Josef, dazu das Kind in der Krippe liegen. Als sie es aber gesehen hatten, breiteten sie das Wort aus, das zu ihnen von diesem Kinde gesagt war. Und alle, vor die es kam, wunderten sich über das, was ihnen die Hirten gesagt hatten. Maria aber behielt alle diese Worte und bewegte sie in ihrem Herzen.

Und die Hirten kehrten wieder um, priesen und lobten Gott für alles, was sie gehört und gesehen hatten, wie denn zu ihnen gesagt war.

LK. 2,1–20

Liebe Gemeinde,

wir sind am Heiligen Abend angekommen. Von manchen ersehnt, von manchen unsicher erwartet mit der bangen Frage: Wie wird das sein, Weihnachten im Krankenhaus, im Altenheim, in der Rehaklinik? Für einige ist es eine neue Erfahrung, Weihnachten nicht zu Hause zu feiern, an einem anderen Ort, nicht freiwillig hier zu sein, sondern durch eine Krankheit dazu gezwungen.

Weihnachten kommt – auch hierher in dieses Haus. Wir feiern die Heilige Nacht. Sie unterscheidet sich von anderen Nächten dadurch, dass in dieser Nacht Gott ein Mensch wurde. In dem Kind in der Krippe kommt Gott uns nahe. Mit dieser Geburt damals in Bethlehems Stall wendet sich etwas. Die Weltgeschichte geht in eine neue Epoche ein, das Heil ist für alle Menschen zu finden.

Gott kommt mir nahe und der Glanz seiner Gegenwart beginnt, mich zu verwandeln.

Wenn es am dunkelsten ist, wenn die Sonne am weitesten entfernt ist, wenn wir aus eigener Kraft nichts mehr zum Guten wenden können, dann kommt Gott. Dann handelt er für uns. Unbemerkt von der Welt, in der Stille erschafft er eine neue Dimension: Gott wird ein Mensch und überwindet damit die Gottesferne. Er wird ein Geschöpf aus Fleisch und Blut mit Herz, Sinn und Verstand und teilt so unsere Gedanken, Gefühle, Freuden und Schmerzen.

Außerhalb unserer Vorstellungswelt, überraschend gibt er der Welt, gibt er unserem kleinen Leben eine neue Aufhängung: Gott kommt in die Welt, er kennt sie, er liebt sie, er hält sie.

Gott handelt und verwandelt so die dunkelste, kälteste, bitterste Nacht in eine Heilige Nacht. Mit der Heiligen Nacht beginnt eine neue Geschichte: Der Himmel kommt auf die Erde.

MUSIK

Die Heilige Nacht war eine stille Nacht. In der Stille ereignet sich unser Heil. Abseits vom Trubel, vom Lärm, von Hektik und Streit, liegt das Kind in der Krippe. Bestaunt und behütet von Maria und Joseph. In diesem wehrlosen, kleinen, zarten Kind gibt Gott uns das Beste, was er hat: sich selbst. Er gibt uns das Beste, um in uns das Beste zu wecken. Dass wir heil werden, ganz werden, die Menschen werden, die Gott in uns sieht. Damit seine Schöpfung an ihr Ziel kommt, wir Menschen als Ebenbilder Gottes. Das Kind in der Krippe kann uns zur Zuflucht werden. Dorthin können wir unsere Trauer bringen und das Verlorene loslassen, denn das Kind nimmt unser Verlorenes in seine Arme. Dorthin können wir unseren Kummer bringen, denn das Kind füllt unseren Mangel aus.

Zum Kind in der Krippe können wir auch unsere Schuld bringen, das Versäumte, Verdorbene, Zerbrochene, denn das Kind vergibt und versöhnt uns. Von seinem Antlitz geht Frieden aus, Frieden für das Zerrissene und Zerstrittene.

Die Nacht als Raum der Dunkelheit und Kälte, die Nacht als Bild für unsere Verzweiflung, für Not und Tod, bekommt mit der Geburt des Heilandes einen Glanz. In unserer tiefsten Nacht wird der Heiland für uns geboren, greift Gott in die Geschichte ein und wendet sie für uns zum Heil.

Weil Gott in tiefster Nacht erschienen,
kann unsere Nacht nicht traurig sein!
Weil Gott in tiefster Nacht erschienen,
kann unsere Nacht nicht endlos sein!

EG 56, 1.5

So dichtete Dieter Trautwein in dem modernen Weihnachtslied.

Wir sind am Heiligen Abend angekommen. Wir feiern diese heilige, stille Nacht, in der uns die große Freude verkündet wurde: Euch ist heute der Heiland geboren, welcher ist Christus, der Herr. Weihnachten ist die Geschichte unseres Heils. Im Betrachten des Kindes werden wir heil, werden wir ganz, finden wir nach Hause zu unserem Ursprung. Das geschieht an allen Orten dieser Erde. Gott kommt zu uns. Heute und hier in diesem Haus.

Die Zeitenwende in der Weltgeschichte wird auch zur Wende in unserem Leben: Das Kind tröstet und befriedet unsere Unruhe, die Freude schlägt in unserem Herzen, Gottes Glanz schimmert auf unseren Gesichtern. Stille Nacht, heilige Nacht.

Amen.

LITURGISCHE BAUSTEINE

Weil Gott in tiefster Nacht erschienen,
kann unsre Nacht nicht traurig sein!

Der immer schon uns nahe war,
stellt sich als Mensch den Menschen dar.
Weil Gott in tiefster Nacht erschienen,
kann unsre Nacht nicht traurig sein!

Bist du der eignen Rätsel müd?
Es kommt, der alles kennt und sieht!
Weil Gott in tiefster Nacht erschienen,
kann unsre Nacht nicht traurig sein!

Er sieht dein Leben unverhüllt,
zeigt dir zugleich dein neues Bild.
Weil Gott in tiefster Nacht erschienen,
kann unsre Nacht nicht traurig sein!

Nimm an des Christus Freundlichkeit,
trag seinen Frieden in die Zeit!
Weil Gott in tiefster Nacht erschienen,
kann unsre Nacht nicht traurig sein!

Schreckt dich der Menschen Widerstand,
bleib ihnen dennoch zugewandt!
Weil Gott in tiefster Nacht erschienen,
kann unsre Nacht nicht endlos sein!

TEXT: DIETER TRAUTWEIN 1963 (EG 56)
© STRUBE VERLAG MÜNCHEN-BERLIN

Brich an, du schönes Morgenlicht,
und lass den Himmel tagen!
Du Hirtenvolk, erschrecke nicht,
weil dir die Engel sagen,
dass dieses schwache Knäbelein
soll unser Trost und Freude sein,
dazu den Satan zwingen
und letztlich Frieden bringen.

JOHANN RIST 1641 (EG 33, 1)

Singet dem Herrn ein neues Lied;
singet dem Herrn, alle Welt!
Singet dem Herrn und lobet seinen Namen,
verkündet von Tag zu Tag sein Heil!
Erzählet unter den Heiden von seiner Herrlichkeit,
unter allen Völkern von seinen Wundern!
Bringet dar dem Herrn die Ehre seines Namens,
bringet Geschenke und kommt in seine Vorhöfe!
Betet an den Herrn in heiligem Schmuck;
es fürchte ihn alle Welt!
Sagt unter den Heiden: Der Herr ist König.
Er hat den Erdkreis gegründet, dass er nicht wankt.
Er richtet die Völker recht.
Der Himmel freue sich, und die Erde sei fröhlich,
das Meer brause und was darinnen ist;
das Feld sei fröhlich und alles, was darauf ist;
es sollen jauchzen alle Bäume im Walde
vor dem Herrn; denn er kommt,
denn er kommt, zu richten das Erdreich.
Er wird den Erdkreis richten mit Gerechtigkeit
und die Völker mit seiner Wahrheit.

Ps. 96,1−3.8−13

WEITERE LIEDVORSCHLÄGE:

EG 35   NUN SINGET UND SEID FROH

EG 37   ICH STEH AN DEINER KRIPPEN HIER

EG 40   DIES IST DIE NACHT, DA MIR ERSCHIENEN

EG 46   STILLE NACHT, HEILIGE NACHT!

Ohne Furcht

Weihnachtsgottesdienst zu Lukas 2,10–11
für das Personal

Liebe Gemeinde,

ein Patient war unglücklich, weil er über die Weihnachtstage im Krankenhaus bleiben musste.
Er erzählte, wie schön sie es zu Hause hätten, was in seiner Familie alles
dazu gehörte, um Weihnachten angemessen zu feiern. Die Krankheit hielt
ihn aber fest im Bett, an eine Entlassung war noch nicht zu denken. Im Gespräch fand der Mann eine Lösung für sich: Wir feiern Weihnachten im
Januar nach, wenn ich wieder zu Hause bin.
Das geht doch nicht, mögen wir denken. Da fehlt doch was. Weihnachten
gibt es nur im Dezember.

Angesichts der Veränderungen in unserem Land können wir die Botschaft
der Engel gerne öfter hören:

> Fürchte dich nicht! Siehe, ich verkündige euch große Freude, die allem Volk
> widerfahren wird; denn euch ist heute der Heiland geboren, welcher ist
> Christus, der Herr.
>
> LK. 2,10–11

Dieses Haus steht in der Tradition von Menschen, die die Zusage der Heiligen Nacht ernst genommen haben. Die unerschrocken vor den Problemen
der jeweiligen Zeit daran gearbeitet haben, Gottes Barmherzigkeit in der
Tat spürbar werden zu lassen: in der Behandlung und Pflege der Kranken
sowie dem Schutz der Alten und Schwachen.

Die Weihnachtsgeschichte beginnt mit einer Steuerschätzung. Ökonomische
Interessen setzen den Rahmen für die Geschichte vom Stall. Die Mächtigen

befehlen, dass sich alle Einwohner in Listen eintragen lassen müssen, um den Überblick über Größe und Zahlkraft des Volkes zu bekommen. Das klingt vertraut in unseren Tagen: das Gerangel um öffentliche Gelder und die tägliche Flut von neuen Verordnungen, die den Arbeitsablauf erschweren, statt ihn zu erleichtern. Doch die Geschichte nimmt einen überraschenden Verlauf. Mitten in der Erledigung ihrer Pflichten gegenüber der Bürokratie geschieht etwas völlig anderes: Ein Kind wird geboren. Dann nimmt alles seinen bekannten Lauf: die Hirten, die Engel, die Anbetung im Stall, später die Flucht nach Ägypten.

Mitten im politischen, wirtschaftlichen Machtspiel der Oberen kommt Gott zur Welt. Plötzlich wird der Geld- und Politglamour nur noch zum dunklen Hintergrund, auf dem etwas anderes erstrahlt: In dem Kind kommt Gott zur Welt. Es beginnt eine neue Zeit, die Zeit wendet sich. Hier geht es nicht um Strukturänderungen, Kostensenkung, Stellenabbau. Es geht ums Ganze: Es geht um unser Heil.

Das, was uns fehlt, um ganz Mensch zu sein: Das Verlorene wird wiedergefunden, das Verstoßene darf heimkehren, das Verstörte wird befriedet, das Gebrochene wird aufgerichtet, das Gedemütigte wird wertgeschätzt, das Gewalttätige wird sanft, das Starre gerät in Bewegung, die Grenzen werden neu definiert.

In Bethlehems Stall beginnt **Gottes** großes Reformwerk, um die Welt zu verwandeln. Die Menschen werden verwandelt durch die Begegnung mit Gott. An der Krippe und am Kreuz laden sie ab, was sie beschwert: Kummer und Krankheit, Sorge und Schmerz, Schuld und Scham. Dort hören sie das Wort: *Fürchte dich nicht! Ich kenne dich. Ich gehe mit dir.*

Getröstet gehen sie ihren Weg weiter, finden den Mut, ihre Aufgaben zu erfüllen, notwendige Veränderungen anzupacken und den Spielraum für sich und andere zu erweitern.

Wer sich vor dem Kind in der Krippe beugt, geht anders von dort wieder weg – wie die Weisen aus dem Morgenland. Gott berührt unser Herz, unsere Liebe und weckt die schöpferischen Kräfte in uns, damit wir diese Erde mitgestalten. Damit wir uns nicht von all dem Negativen, Korrupten und Kleinkarierten lähmen lassen, sondern mutig, fröhlich und kreativ etwas dagegen setzen: unsere Hoffnung, unseren Glauben und unsere Liebe.

Die Ökonomie ist dabei nur Mittel zum Zweck. Ökonomie hat keinen Zweck in sich selber. Verantwortliche Haushalterschaft dient dazu, den Rahmen dafür zu schaffen, dass Menschen heil werden können: genesen von Kummer und Krankheit, von Sorge und Schmerz.

In der Nachfolge des Jesus von Nazareth geschieht zweierlei: Unsere eigene innere Heilung schreitet voran und dadurch strahlen wir etwas Heilsames für andere aus.

An der Krippe und unter dem Kreuz finden sich die Verwundeten zusammen, die, denen das Leben übel mitgespielt hat – und sie kennen einen Arzt, der sie heilt.

Wir als Gemeinschaft im Altenheim und im Krankenhaus sind angetreten, um im Namen Jesu Schmerzen zu lindern und Krankheiten zu heilen. Staunend und dankbar schauen wir zurück, was im letzten Jahr trotz allem gelungen ist. Neben unserem Dank laden uns Advent und Weihnachten ein, unseren Kummer zur Krippe zu bringen: was uns plagt, was uns ängstigt, was wir vermissen, wonach wir uns sehnen. Dort werden wir still, dort empfangen wir den weihnachtlichen Frieden.

Der vor einiger Zeit verstorbene Kabarettist Hanns Dieter Hüsch hat es mit seinen Worten so formuliert:

Im Übrigen meine ich möge uns der Herr weiterhin
zu den Brunnen des Erbarmens führen,
zu den Gärten der Geduld
und uns mit Großzügigkeitsgirlanden schmücken.

Er möge uns weiterhin lehren, das Kreuz als Krone zu tragen
und darin nicht unsicher zu werden.
Soll doch seine Liebe unsere Liebe sein.

Er möge – wie es auskommt – in unser Herz eindringen,
um uns mit seinen Gedankengängen zu erfrischen,
uns auf Wege zu führen, die wir bisher nicht betreten haben –
aus Angst und Unwissenheit darüber,
dass der Herr uns nämlich aufrechten Ganges fröhlich sehen will.

Weil wir es dürfen und nicht nur dürfen, sondern auch müssen.
Wir müssen endlich damit beginnen,
das Zaghafte und Unterwürfige abzuschütteln.
Denn wir sind *Kinder* Gottes: *Gottes* Kinder!
Und jeder soll es sehen und ganz erstaunt sein,
dass Gottes Kinder so leicht und fröhlich sein können.
Und sagen: Donnerwetter.

Jeder soll es sehen und jeder soll nach Hause laufen und sagen:
Er habe Gottes Kinder gesehen.
Und die seien ungebrochen freundlich und heiter gewesen.
Weil die Zukunft Jesus heiße und weil die Liebe alles überwindet,
und Himmel und Erde eins wären und Leben und Tod sich vermählen.
Und der Mensch ein neuer Mensch werde durch Jesus Christus.
Amen.

HANNS DIETER HÜSCH: FÜHREN UND LEITEN

AUS: HANNS DIETER HÜSCH, MICHAEL BLUM, DAS KLEINE BUCH ZUM SEGEN

© TVD-VERLAG DÜSSELDORF 1998[3], S. 36

Amen.

LITURGISCHE BAUSTEINE

Sieben weihnachtliche Segenswünsche zum Ausgang

Wie der Stern
über dem Stall von Bethlehem stehen blieb,
so möge Gott sein Licht
auch über deinem Leben leuchten lassen.

Wie die Engel
den Frieden auf Erden verkündeten,
so möge Gottes Frieden
auch dein Haus und dein Herz erfassen.

Wie die Tür
im Stall von Bethlehem allen offenstand,
so möge auch Christus
dir die Tür zum Leben sein.

Wie Ochs und Esel
die Krippe ihres Herrn kannten,
so mögest auch du erkennen,
dass Gott es gut mit dir meint.

Wie Maria
alle Worte in ihrem Herzen bewegte,
so mögest auch du dich
von Gottes Wort bewegen lassen.

Wie Joseph
für Maria und das Kind sorgte,
so mögest auch du dich der Menschen annehmen,
die Gott dir anvertraut hat.

Wie das Kind
von Maria und Joseph zugleich Gottes Kind war,
so mögest auch du immer
Gottes Kind sein und – bleiben.

ERICH ESSLINGER (HRSG.): GEÖFFNETER HIMMEL. GEDANKEN, GRÜSSE UND GE-
SCHICHTEN ZUR WEIHNACHTSZEIT; EDITIONS GEORGES MATHIEU, HEIDELBERG 1999

Für dich

Gottesdienst zu Lukas 22,32
Neujahr

Jesus spricht: Ich habe für dich gebeten,
dass dein Glaube nicht aufhöre.

Lĸ. 22,32

Liebe Gemeinde,

wir stehen am Anfang eines neuen Jahres. Wir wissen nicht, was es uns und der Welt bringen wird. Wir hoffen auf Gutes und wissen doch aus Erfahrung, dass auch manches Leid uns auf dem Weg begegnet. Für das neue Jahr ist uns ein Bibelvers als Jahreslosung mitgegeben. Die Evangelische Kirche in Deutschland sucht jedes Jahr ein Leitmotiv aus, das die Christen durch die Zeit begleiten möge.

Für heute ist ein Wort aus den Abschiedsreden Jesu ausgewählt worden.

Jesus spricht: Ich habe für dich gebeten, dass dein Glaube nicht aufhöre.

Jesus sagt das zu Petrus, als sie beieinander sitzen und das Passahmahl feiern. Jesus weiß, was ihm bevorsteht: der Verrat des Judas, die Verleugnung des Petrus, die Gefangennahme, Folter und sein Tod. Es werden Anfechtung und Bedrohung auf seine Jünger zukommen.

Glaube, Hoffnung und Liebe werden in Frage gestellt werden. Verwirrung und Unsicherheit werden sich breit machen. Jesus sieht, was den Jüngern bevorsteht. Schon nach vorne schauend spricht Jesus dann zu Petrus:

Ich habe für dich gebeten, dass dein Glaube nicht aufhöre.

Petrus wird diese Zusage nötig haben, denn bald danach leugnet er, Jesus zu kennen. Dreimal verleugnet er Jesus, bis der Hahn kräht und ihn an Jesu Wort erinnert. Da erkennt er seine Lieblosigkeit, bereut sie und weint bitterlich.

Jesus spricht: Ich habe für dich gebeten, dass dein Glaube nicht aufhöre.

Durch den Zusammenhang mit Jesu Leidensweg leuchtet diese Zusage noch heller. Das kann einen stärken und trösten, dass Jesus für mich betet. Wenn ich es selber nicht mehr kann, tut er es für mich. Jesus, der Sohn Gottes, der zur Rechten des Vaters sitzt, bittet vor dem Vater für mich. Mit all seiner Vollmacht, mit seiner Liebe, mit seinem Vertrauen in Gott. So sehr liegt Jesus an mir, an meinem Weg des Glaubens, dass er für mich betet.

... dass dein Glaube nicht aufhöre.

Darum betet Jesus, dass unser Vertrauen in Gott nicht aufhört, dass wir unser Vertrauen in Gott auch in Not, bei Widerstand und Bedrängnis behalten. Ja, dass es bei überstandener Not gestärkt daraus hervorgeht.

Ich habe für dich gebeten, dass dein Glaube nicht aufhöre.

Obwohl Petrus Jesus verleugnet, erhält er einen neuen Auftrag: Stärke deine Brüder! Jesus weiß um unsere Schwächen und betet, dass sie uns nicht vom Vertrauen auf Gott abhalten. Petrus wird zum Missionar berufen. Nach seiner Verleugnung, nach Reue und Umkehr predigt er den Menschen die großen Taten Gottes. Schließlich wird er in Rom zum Märtyrer um Jesu willen. Jesu Fürbitte für Petrus erfüllte sich, sein Glaube vollendete sich in seinem Tod.

Ich habe für dich gebeten, dass dein Glaube nicht aufhöre.

Die Jahreslosung gilt persönlich für jeden von uns. Das Jesus-Wort begleitet unsere Wege durch die Zeit. Jesus selbst betet für mich, dass mein Glaube nicht aufhöre. Das tröstet mich, vergewissert mich, macht mich zuversichtlich und gelassen gegenüber dem, was uns in diesem Jahr begegnen wird.

Die Jahreslosung zeigt uns die Macht der Fürbitte. Sie ist ein Gegenprogramm zu der Illusion, dass alles machbar ist. Die Fürbitte wendet sich an Gott, der Himmel und Erde geschaffen hat, sie traut ihm alles zu. Gerade dann, wenn wir mit unseren Möglichkeiten nicht mehr weiterkommen, bitten die Christen um Gottes Hilfe.

Fürbitte verändert die Welt. Viele Menschen können davon erzählen, wie sie durch das Gebet eines anderen gestärkt, getröstet, bewahrt oder geheilt wurden. Fürbitte ist eine stille, sanfte, wirkungsvolle Kraft.

Oft geschieht das Gebet für einen anderen Menschen unscheinbar und in der Stille. Im Gottesdienst bitten wir als Gemeinde öffentlich um Gottes Beistand für die, die es brauchen.

Fürbitte verändert die Welt. Die Fürbitte führt uns in die Nähe Gottes, an sein Herz. Sie verändert den Beter, indem er sich voller Vertrauen an Gott wendet. Und sie verändert den, für den gebetet wird, der durch die Fürbitte in den Segensstrom Gottes gestellt wird.
Auf geheimnisvolle Weise werden die Menschen so miteinander und mit Gott verbunden.

Die Fürbitte Jesu kann uns zum Vorbild werden, uns im neuen Jahr tiefer in die Fürbitte einzuüben. In einem doppelten Sinn: als solche, die beten, die die Not anderer vor Gott bringen und ihn um sein Erbarmen anrufen. Und als solche, die die Fürbitte Jesu an sich geschehen lassen, die vielleicht einen anderen um sein Gebet für sich bitten. Denn: Fürbitte verändert die Welt, Fürbitte verändert uns selbst.

Jesus spricht: Ich habe für dich gebeten, dass dein Glaube nicht aufhöre.

Möge diese Zusage Sie durch das Jahr begleiten.

Amen.

LITURGISCHE BAUSTEINE

Ich danke dir von ganzem Herzen,
vor den Göttern will ich dir lobsingen.
Ich will anbeten vor deinem heiligen Tempel
und deinen Namen preisen für deine Güte und Treue,
denn du hast deinen Namen und dein Wort
herrlich gemacht über alles.
Wenn ich dich anrufe, so erhörst du mich
und gibst meiner Seele große Kraft.
Es danken dir, Herr, alle Könige auf Erden,
dass sie hören das Wort deines Mundes;
sie singen von den Wegen des Herrn,
dass die Herrlichkeit des Herrn so groß ist.
Denn der Herr ist hoch und sieht auf den Niedrigen
und kennt den Stolzen von ferne.
Wenn ich mitten in der Angst wandle,
so erquickest du mich
und reckst deine Hand gegen den Zorn meiner Feinde
und hilfst mir mit deiner Rechten.
Der Herr wird meine Sache hinausführen.
Herr, deine Güte ist ewig.
Das Werk deiner Hände wollest du nicht lassen.

Ps. 138 (EG RWL 758)

Nun lasst uns gehn und treten mit Singen und mit Beten
zum Herrn, der unserm Leben bis hierher Kraft gegeben.

Wir gehn dahin und wandern von einem Jahr zum andern,
wir leben und gedeihen vom alten bis zum neuen

durch so viel Angst und Plagen, durch Zittern und durch Zagen,
durch Krieg und große Schrecken, die alle Welt bedecken.

Denn wie von treuen Müttern in schweren Ungewittern
die Kindlein hier auf Erden mit Fleiß bewahret werden,

also auch und nicht minder lässt Gott uns, seine Kinder,
wenn Not und Trübsal blitzen, in seinem Schoße sitzen.

Ach Hüter unsres Lebens, fürwahr, es ist vergebens
mit unserm Tun und Machen, wo nicht dein Augen wachen.

Gelobt sei deine Treue, die alle Morgen neue;
Lob sei den starken Händen, die alles Herzleid wenden.

PAUL GERHARDT 1653 (EG 58, 1–7)

WEITERE LIEDVORSCHLÄGE:

EG 59   DAS ALTE JAHR VERGANGEN IST

EG 61   HILF, HERR JESU, LASS GELINGEN

EG 65   VON GUTEN MÄCHTEN TREU UND STILL UMGEBEN

EG 347   ACH BLEIB MIT DEINER GNADE

Reif werden

Gottesdienst zu Markus 4,26–29
Sexagesimae

Liebe Gemeinde,

mit dem Reich Gottes ist es so, wie wenn ... So beginnen viele Gleichnisse, die Jesus den Menschen erzählte. Jesus gebrauchte Bilder und Vorgänge aus dem Alltag, um den Menschen etwas von Gott klar zu machen. In unserem Text ist es der Ablauf von Saat und Ernte als Vergleich für das Reich Gottes.

Und er sprach: Mit dem Reich Gottes ist es so, wie wenn ein Mensch Samen aufs Land wirft und schläft und aufsteht, Nacht und Tag; und der Same geht auf und wächst – er weiß nicht, wie. Denn von selbst bringt die Erde Frucht, zuerst den Halm, danach die Ähre, danach den vollen Weizen in der Ähre. Wenn sie aber die Frucht gebracht hat, so schickt er alsbald die Sichel hin; denn die Ernte ist da.

MK. 4,26–29

Das Zusammenspiel von Mensch, Saat und Erde beschreibt die Gegenwart und das Kommen des Reiches Gottes. Ein Mensch streut Samen auf das Land und geht dann seinen normalen Tagesverrichtungen nach. Er schläft, er steht auf. Derweil geht der Samen im Dunkel der Erde auf, wächst, wird zur Pflanze, bricht durch die Erdoberfläche, wird sichtbar. Beide, Mensch und Samen, nehmen das Wachstum wahr und wissen doch nicht, wie es geschieht. Es geschieht einfach. Es gehört zum Wesen des Samens, in der Erde zur Pflanze zu werden. Alles, was da werden soll, trägt der Samen schon in sich. Doch erst in der Erde geht die Saat auf und wächst. Ohne Erde bleibt das Weizenkorn allein und bringt keine Frucht (Joh. 12,24).

Mensch, Samen und Erde brauchen einander in dem großen, geheimnisvollen Prozess von Saat und Ernte.

Mit dem Reich Gottes ist es so, wie wenn ... Es stellt sich die Frage, welche Rolle wir in diesem Prozess spielen. Zunächst betrachte ich uns in der Rolle des Menschen. Für einen Bauern gehört es zu seinen normalen Tätigkeiten zu säen. Was wir in Beruf und Familie, in dem Verantwortungsbereich, der uns jeweils anvertraut ist, tun, ist wie das Säen der Saat beim Bauern. Es ist unspektakulär, oft unscheinbar, selbstverständlich, regelmäßig. So ist und kommt das Reich Gottes.

Wenn wir uns in die Rolle des Samens versetzen, bekommen wir eine andere Perspektive auf das Gleichnis. Ich bin ein Saatkorn, eins von vielen. Ich bin aus einer Ähre geerntet worden. Viele Pflanzen und Samenkörner waren vor mir. In mir liegt das Potenzial, die Fähigkeit, zu einer Pflanze zu werden, einem Halm, einer Ähre mit vielen neuen Saatkörnern. Aus diesen können dann wieder neue Pflanzen mit vielen weiteren Samen werden. Und so weiter und so fort. Eine geheimnisvolle Vermehrung durch Wandlung. Das Saatkorn steht für den Anfang im Kleinen. Jede große Bewegung beginnt im Kleinen. Jede Genesung fängt klein an, Versöhnung fängt im Kleinen an, Vertrauen wächst aus einem kleinen Anfang. So ist und kommt das Reich Gottes.

Wir stellen uns vor, wir sind in dem Gleichnis die Erde. Wir stehen zur Verfügung, dass der Samen – das ist das Wort Gottes, das ist die Gegenwart des Reiches Gottes – in uns hineingelegt wird. Im Dunkel, in der Verborgenheit, in der Stille, in der Passivität der Erde beginnt der Samen zu keimen. Ganz klein, ganz langsam. Dann bewegt sich das neue Leben in der Erde, die Erde muss Platz machen, muss durchlässig sein für die wachsende Saat. Die Pflanze strebt zur Oberfläche, ans Licht, in die Höhe. Selbst durch harten Boden findet sie ihren Weg ans Licht. So stark ist ihr Drang zu wachsen und sich zu entwickeln.
Die Erde braucht aber auch Tiefe, damit die wachsende Saat Wurzeln schlagen kann, Halt und Nahrung findet. Die Erde braucht Durchlässigkeit, Aufnahmebereitschaft, damit das Samenkorn in die Tiefe wachsen kann. Die Muttererde schützt, nährt, trägt Samenkorn und Pflanze. Mensch, Samen, Erde, Saat und Ernte greifen ineinander. Was gesät ist, reift zur

Frucht, um dann in verwandelter Form wieder gesät zu werden. Ein großer Kreislauf, der sich nach vorne hin öffnet. In langsamer, aber beständiger Bewegung. So ist und kommt das Reich Gottes.

Mit dem Reich Gottes ist es so, wie wenn ... Aus einem Samenkorn wird über die Zeit eine Ähre mit vielen Samenkörnern. Das Reich Gottes ist gegenwärtig und breitet sich aus. Wo einmal Liebe gewagt wird, verdoppelt sie sich beim nächsten Mal, vervierfacht sie sich im Verlauf und so weiter. Eine unaufhaltsame, oft unsichtbare, doch mächtige Bewegung. Saat und Ernte als ein Kreislauf, der sich wiederholt. *Das Reich Gottes ist mitten unter euch.* Luther übersetzt: *Das Reich Gottes kommt nicht mit äußerlichen Gebärden; ... sehet das Reich Gottes ist inwendig in euch* (Lk. 17,20b–21).

Doch es bleibt eine Spannung beim Nachdenken über das Reich Gottes. Wir glauben, hoffen, lieben zwischen der schon jetzt vorhandenen Gegenwart des Reiches Gottes und der noch ausstehenden Zukunft Gottes mit uns Menschen, wenn Gott sein wird alles in allem. Im Vater unser bitten wir: Dein Reich komme. Es steht noch etwas aus. In der Saat ist die Ernte schon mitgedacht, schon mitenthalten, aber noch nicht da. Erst wenn der Halm, die Ähre ausgewachsen sind, wird geerntet, ist die Frucht sichtbar, fühlbar und genießbar. Dann ist die geglaubte Verwandlung des Samenkornes Wirklichkeit geworden.

In anderen Gleichnissen verwendet Jesus das Bild von der Ernte für das Ende der Welt (Mt. 13,24–30.36–43). Dann sind Saat und Ernte als der große Bogen der Geschichte Gottes mit den Menschen gemeint. Der Jakobusbrief ermahnt die Christen darum zur Geduld:

> So seid nun geduldig, liebe Brüder, bis zum Kommen des Herrn. Siehe, der Bauer wartet auf die kostbare Frucht der Erde und ist dabei geduldig, bis sie empfange den Frühregen und Spätregen. Seid auch ihr geduldig und stärkt eure Herzen; denn das Kommen des Herrn ist nahe.

> JAK. 5,7–8

Schon jetzt und noch nicht, Saat und Ernte als zyklischer Vorgang und als lineare Vorwärtsbewegung – so ist und kommt das Reich Gottes bei uns heute. Amen.

LITURGISCHE BAUSTEINE

Herr, für dein Wort sei hoch gepreist;
lass uns dabei verbleiben
und gib uns deinen Heilgen Geist,
dass wir dem Worte glauben,
dasselb annehmen jederzeit
mit Sanftmut, Ehre, Lieb und Freud
als Gottes, nicht der Menschen.

Öffn uns die Ohren und das Herz,
dass wir das Wort recht fassen,
in Lieb und Leid, in Freud und Schmerz
es aus der Acht nicht lassen;
dass wir nicht Hörer nur allein
des Wortes, sondern Täter sein,
Frucht hundertfältig bringen.

Ach hilf, Herr, dass wir werden gleich
dem guten, fruchtbarn Lande
und sein an guten Werken reich
in unserm Amt und Stande,
viel Früchte bringen in Geduld,
bewahren deine Lehr und Huld
in feinem, gutem Herzen.

Dein Wort, o Herr, lass allweg sein
die Leuchte unsern Füßen;
erhalt es bei uns klar und rein;
hilf, dass wir draus genießen
Kraft, Rat und Trost in aller Not,
dass wir im Leben und im Tod
beständig darauf trauen.

Gott Vater, lass zu deiner Ehr
dein Wort sich weit ausbreiten.
Hilf, Jesu, dass uns deine Lehr
erleuchten mög und leiten.
O Heilger Geist, dein göttlich Wort
lass in uns wirken fort und fort
Glaub, Lieb, Geduld und Hoffnung.   DAVID DENICKE 1659 (EG 196, 1–2.4–6)

Denn meine Gedanken sind nicht eure Gedanken, und eure Wege sind nicht meine Wege, spricht der Herr, sondern so viel der Himmel höher ist als die Erde, so sind auch meine Wege höher als eure Wege und meine Gedanken als eure Gedanken.

Denn gleichwie der Regen und Schnee vom Himmel fällt und nicht wieder dahin zurückkehrt, sondern feuchtet die Erde und macht sie fruchtbar und lässt wachsen, dass sie gibt Samen, zu säen, und Brot, zu essen, so soll das Wort, das aus meinem Munde geht, auch sein: Es wird nicht wieder leer zu mir zurückkommen, sondern wird tun, was mir gefällt, und ihm wird gelingen, wozu ich es sende.

Denn ihr sollt in Freuden ausziehen und im Frieden geleitet werden. Berge und Hügel sollen vor euch her frohlocken mit Jauchzen und alle Bäume auf dem Felde in die Hände klatschen. Es sollen Zypressen statt Dornen wachsen und Myrten statt Nesseln. Und dem Herrn soll es zum Ruhm geschehen und zum ewigen Zeichen, das nicht vergehen wird.

JES. 55,8–13

Dein Wort ist meines Fußes Leuchte
und ein Licht auf meinem Wege.
Du bist mein Schutz und mein Schild;
ich hoffe auf dein Wort.
Erhalte mich durch dein Wort, dass ich lebe,
und lass mich nicht zuschanden werden in meiner Hoffnung.
Stärke mich, dass ich gerettet werde,
so will ich stets Freude haben an deinen Geboten.

PS. 119,105.114.116.117

WEITERE LIEDVORSCHLÄGE:

EG 245   PREIS, LOB UND DANK SEI GOTT DEM HERREN

EG 320   NUN LASST UNS GOTT DEM HERREN

EG 346   SUCH, WER DA WILL, EIN ANDER ZIEL

EG 358   ES KENNT DER HERR DIE SEINEN

Zeichensetzung

Gottesdienst zu Matthäus 12,38–42
Reminiszere

Liebe Gemeinde,

die Passionszeit hat begonnen. Als Kirche betrachten wir in diesen Wochen das Leiden Jesu. Wir folgen seinem Weg in die Erniedrigung. Viele Christen nutzen die sieben Wochen bis Ostern, um zu fasten, auf etwas zu verzichten oder aktiv etwas zu tun um des Glaubens willen. Um Zeit und Energie zu haben, nach dem Wesentlichen zu fragen, zu spüren, was ihr Leben ausmacht.

Der heutige Bibeltext fragt uns, wer Jesus für uns ist.

Da fingen einige von den Schriftgelehrten und Pharisäern an und sprachen zu Jesus: Meister, wir möchten gern ein Zeichen von dir sehen.

Und er antwortete und sprach zu ihnen: Ein böses und abtrünniges Geschlecht fordert ein Zeichen, aber es wird ihm kein Zeichen gegeben werden, es sei denn das Zeichen des Propheten Jona. Denn wie Jona drei Tage und drei Nächte im Bauch des Fisches war, so wird der Menschensohn drei Tage und drei Nächte im Schoß der Erde sein. Die Leute von Ninive werden auftreten beim Jüngsten Gericht mit diesem Geschlecht und werden es verdammen; denn sie taten Buße nach der Predigt des Jona. Und siehe, hier ist mehr als Jona.

Die Königin vom Süden wird auftreten beim Jüngsten Gericht mit diesem Geschlecht und wird es verdammen; denn sie kam vom Ende der Erde, um Salomos Weisheit zu hören. Und siehe, hier ist mehr als Salomo.

MT. 12,38–42

Nicht nur Worte, sondern Taten wollen wir sehen. Diese Forderung hört man immer wieder. Kritik schwingt darin mit. Unzufriedenheit und Skepsis, ob hinter den wohlklingenden Worten Integrität und Autorität stehen. Jemand, der auch Macht hat, das Gute durchzusetzen, das er ankündigt.

Nicht nur Worte, sondern Taten wollen wir sehen. Zu Jesus treten Pharisäer und Schriftgelehrte und wollen ein Zeichen von ihm sehen. Jesus soll eine Wundertat vollbringen, um sich damit zu legitimieren. Wie eine Prüfungskommission wollen die Frommen und Gelehrten die Autorität Jesu testen und beurteilen. Wer in der Prüfungskommission sitzt, weiß ja, wie es richtig ist. Man steht über dem Prüfling, der Prüfling muss sich beweisen.

Da wundert es nicht, dass Jesus diese Forderung zurückweist. Mit harten Worten entgegnet er ihnen:

> Ein böses und abtrünniges Geschlecht fordert ein Zeichen, aber es wird ihm kein Zeichen gegeben werden.

Jesus durchschaut die Pharisäer und Schriftgelehrten. Sie fragen aus Skepsis, aus Hochmut oder aus Verachtung. Jesus unterscheidet die Bitte des Blinden um Heilung von der Forderung der Frommen nach einem Zeichen. Es geht ihm um die Beziehung. Wer nicht mit dem Herzen zu Jesus in Beziehung steht, wird die Zeichen und Wunder Jesu nicht sehen, wird sie nicht verstehen, nicht deuten können. Nur mit den Augen des Herzens sieht man gut. Nur mit Vertrauen ist Jesus als der Gottessohn zu erkennen. Jesus lässt sich nicht examinieren.

Doch Jesus lässt die Fragenden nicht ohne Antwort. Er verweist auf die Zeichen aus der Geschichte Israels.

> Ein böses und abtrünniges Geschlecht fordert ein Zeichen, aber es wird ihm kein Zeichen gegeben werden, es sei denn das Zeichen des Propheten Jona. Denn wie Jona drei Tage und drei Nächte im Bauch des Fisches war, so wird der Menschensohn drei Tage und drei Nächte im Schoß der Erde sein.

Damit wendet Jesus den Blick der Fragenden auf ihre eigene Tradition, auf die Glaubensinhalte des Alten Testaments. Alles, was sie fordern, ist dort schon enthalten, ist dort schon im Vorhinein abgebildet.

Jesus verweist auf den alttestamentlichen Propheten Jona. Jona fürchtete sich vor seinem Auftrag, in der großen Stadt Ninive die Menschen zur Umkehr zu rufen, indem er ihnen das Gericht Gottes ankündigte. Er flieht auf einem Schiff über das Meer. Ein Sturm bedroht das Schiff. Jona erkennt darin Gottes Hand und lässt sich freiwillig über Bord werfen. Ein großer Fisch verschlingt ihn für drei Tage und Nächte. Dann kommt Jona an Land und erfüllt seinen Auftrag in Ninive.

Mit den drei Tagen im Bauch des Fisches spielt Jesus auf seinen Tod, auf Grablegung und Auferstehung an. Wie mit Jona sein Auftrag, das Wort Gottes zu verkünden, in der Tiefe des Meeres verschwand, so starb mit Jesu Tod zunächst alle Hoffnung auf Erlösung. Doch Jonas Weg fand an seinem tiefsten Punkt, im Bauch des Fisches, die entscheidende Wendung. Als alles schon verloren schien, begann etwas Neues. Jona gehorcht Gott und rettet so die Menschen von Ninive vor dem Gericht.

So wird der Prophet Jona zu einem Hinweis, zu einem Zeichen für den Weg Jesu. Im Tod, als alles verloren ist, schafft Gott etwas Neues. Mit Jesu Auferstehung von den Toten besiegt Gott Hölle, Sünde und Tod. Wie Gott mit Jona an sein Ziel kam, nämlich die große Stadt Ninive vor dem Untergang zu retten, so erwirkt Jesu Tod und Auferstehung die Erlösung für alle Welt.

Die Leute von Ninive werden auftreten beim Jüngsten Gericht mit diesem Geschlecht und werden es verdammen; denn sie taten Buße nach der Predigt des Jona. Und siehe, hier ist mehr als Jona.

Die Menschen von Ninive bereuten ihre Sünden, ließen ab von ihren bösen Taten und riefen Gott um Erbarmen an. Sie kehrten in die Beziehung zu Gott zurück. Darum stellt Jesus sie als Vorbild hin.

Noch ein zweites Beispiel aus der Geschichte Israels zieht Jesus heran.

Die Königin vom Süden wird auftreten beim Jüngsten Gericht mit diesem Geschlecht und wird es verdammen; denn sie kam vom Ende der Erde, um Salomos Weisheit zu hören. Und siehe, hier ist mehr als Salomo.

Die Königin von Saba will sich selber von dem überzeugen, was man ihr über König Salomo erzählt hat. Sie reist den weiten Weg nach Israel und erkennt an Salomos Weisheit, Reichtum und Gerechtigkeit die Größe Gottes. Mit einem offenen Herzen lässt sie sich überzeugen, darin die Liebe Gottes zu seinem Volk zu sehen (1. Kön. 10,1–13). Sie erkennt Gerechtigkeit und Großzügigkeit, Schönheit und Ordnung, Weisheit und Liebe als Spuren Gottes auf der Erde.

Die Menschen von Ninive und die heidnische Königin von Saba nennt Jesus Gerechte, weil sie Gott mit dem Herzen erkannt haben. Sie werden über die Frommen und Gelehrten zu Gericht sitzen am Jüngsten Tag. Sie sind Gerechte, weil sie die Zeichen Gottes gedeutet haben: Im Prophet Jona sprach Gott selbst. König Salomo war ein irdisches Abbild des Königtum Gottes.
Indem Jesus auf diese Zeichen verweist, stellt er sich in die Reihe der Zeugen. Doch ist er nicht einer unter vielen, sondern die höchste Steigerung: *Siehe, hier ist mehr als Jona, hier ist mehr als Salomo.* Verborgen in dem Mann aus Nazareth spricht hier der Sohn Gottes.

Wer für seinen Glauben ein Zeichen sucht, forsche in der Geschichte Israels, in der Geschichte der Kirche und in den Lebenswegen der Glaubenden nach. Ein ehrliches, offenes Herz wird den Weg zu Gott finden.

Wer ist Jesus für uns? Der Leidensweg Jesu wird für uns zum Zeichen, dass auch in dunkelster Nacht Gottes rettende Hand nahe ist.

Amen.

LITURGISCHE BAUSTEINE

Wer unter dem Schirm des Höchsten sitzt
und unter dem Schatten des Allmächtigen bleibt,
der spricht zu dem Herrn: Meine Zuversicht und meine Burg,
mein Gott, auf den ich hoffe.
Denn er errettet dich vom Strick des Jägers
und von der verderblichen Pest.
Er wird dich mit seinen Fittichen decken,
und Zuflucht wirst du haben unter seinen Flügeln.
Seine Wahrheit ist Schirm und Schild,
dass du nicht erschrecken musst vor dem Grauen der Nacht,
vor den Pfeilen, die des Tages fliegen,
vor der Pest, die im Finstern schleicht,
vor der Seuche, die am Mittag Verderben bringt.
Wenn auch tausend fallen zu deiner Seite
und zehntausend zu deiner Rechten,
so wird es doch dich nicht treffen.
Ja, du wirst es mit eigenen Augen sehen und schauen,
wie den Gottlosen vergolten wird.
Denn der Herr ist deine Zuversicht,
der Höchste ist deine Zuflucht.
Es wird dir kein Übel begegnen,
und keine Plage wird sich deinem Hause nahen.
Denn er hat seinen Engeln befohlen,
dass sie dich behüten auf allen deinen Wegen,
dass sie dich auf den Händen tragen
und du deinen Fuß nicht an einen Stein stoßest.
Über Löwen und Ottern wirst du gehen
und junge Löwen und Drachen niedertreten.
„Er liebt mich, darum will ich ihn erretten;
er kennt meinen Namen, darum will ich ihn schützen.
Er ruft mich an, darum will ich ihn erhören;
ich bin bei ihm in der Not,
ich will ihn herausreißen und zu Ehren bringen.
Ich will ihn sättigen mit langem Leben
und will ihm zeigen mein Heil.“

Ps. 91 (EG RWL 739)

Such, wer da will, ein ander Ziel,
die Seligkeit zu finden;
mein Herz allein bedacht soll sein,
auf Christus sich zu gründen.
Sein Wort sind wahr, sein Werk sind klar,
sein heilger Mund hat Kraft und Grund,
all Feind zu überwinden.

Such, wer da will, Nothelfer viel,
die uns doch nichts erworben;
hier ist der Mann, der helfen kann,
bei dem nie was verdorben.
Uns wird das Heil durch ihn zuteil,
uns macht gerecht der treue Knecht,
der für uns ist gestorben.

Ach sucht doch den, lasst alles stehn,
die ihr das Heil begehret;
er ist der Herr, und keiner mehr,
der euch das Heil gewähret.
Sucht ihn all Stund von Herzensgrund,
sucht ihn allein; denn wohl wird sein
dem, der ihn herzlich ehret.

GEORG WEISSEL 1642 (EG 346, 1–3)

WEITERE LIEDVORSCHLÄGE:

EG 168   DU HAST UNS, HERR, GERUFEN

EG 221   DAS SOLLT IHR, JESU JÜNGER, NIE VERGESSEN

EG 351   IST GOTT FÜR MICH, SO TRETE

EG 374   ICH STEH IN MEINES HERREN HAND

Relativ

Gottesdienst zu Markus 12,41–44
Okuli

Und Jesus setzte sich dem Gotteskasten gegenüber und sah zu, wie das Volk Geld einlegte in den Gotteskasten. Und viele Reiche legten viel ein. Und es kam eine arme Witwe und legte zwei Scherflein ein; das macht zusammen einen Pfennig.

Und er rief seine Jünger zu sich und sprach zu ihnen: Wahrlich, ich sage euch: Diese arme Witwe hat mehr in den Gotteskasten gelegt als alle, die etwas eingelegt haben. Denn sie haben alle etwas von ihrem Überfluss eingelegt; diese aber hat von ihrer Armut ihre ganze Habe eingelegt, alles, was sie zum Leben hatte.

MK. 12,41–44

Liebe Gemeinde,

Jesus ist mit seinen Jüngern im Tempel und beobachtet, was die Menschen in den Gotteskasten legen und wie sie es tun. In den Gotteskasten legten die jüdischen Gemeindeglieder ihre Tempelsteuer – etwa vergleichbar mit der heutigen Kirchensteuer. Dazu kamen freiwillige Spenden in Form von Geld oder Naturalien. Diese wurden für den Gottesdienst und die Armen verwendet.

Am Gotteskasten kommen Reiche vorbei und geben hohe Summen. Es kommen Reiche und Arme, jeder gibt etwas. Dann kommt eine arme Witwe und legt zwei Scherflein ein. Ein Scherflein war damals das kleinste Geldstück. Diese Witwe hebt Jesus hervor als ein Vorbild.
Nur von Jesus bemerkt war etwas Bedeutendes am Gotteskasten geschehen. Das Wenige der Witwe wird von Jesus wert geachtet. In Jesu Augen sind die zwei Scherflein mehr als die großen Summen der Reichen.

Denn sie haben alle etwas von ihrem Überfluss eingelegt; diese aber hat von ihrer Armut ihre ganze Habe eingelegt, alles, was sie zum Leben hatte.

(VERS 44)

Jesus führt seine Jünger dahin, diese Szene mit den Augen des Reiches Gottes zu betrachten.

Auf der materiellen Ebene wird deutlich, dass das Wenige nicht immer wenig, das Viele nicht immer viel ist. Die Quantität allein sagt noch nichts aus, wenn sie nicht in Relation, in Beziehung gesetzt wird zu einer Bezugsgröße. Das Wenige der Witwe ist alles, was sie hat. Das Viele der Reichen ist nur ein Bruchteil ihres Besitzes. Quantität als alleiniger Maßstab erzeugt ein schiefes Bild.

Auf der nicht-materiellen Ebene vollzieht sich unspektakulär der gelebte Glauben der Witwe. Gaube als Lebensstil. Witwen waren schutzbedürftig. Oft waren sie mittellos und lebten von den Almosen aus der Gemeinde. Nun gibt diese Frau von dem Wenigen, was sie zum Leben hatte, alles in den Gotteskasten. Sie gibt sich selbst. Voller Vertrauen, dass Gott sie weiter ernährt und versorgt. Nur Jesus sieht diese Glaubenstat. Im Stillen, Verborgenen stellt sich die Frau Gott zur Verfügung. Jesus erkennt in diesem Geringen das Große.

Das Teilen, Geben, Schenken der Witwe wirkt in drei Richtungen weiter. Zunächst auf den Empfänger der Gabe. Jemand wird davon satt, kann in die Schule gehen, erhält ärztliche Hilfe. Indem Hab und Gut geteilt werden, wird die Welt besser, schöner, gerechter. Mit jedem Schritt vorwärts zum Frieden, zur Gerechtigkeit, zur Bewahrung der Schöpfung wird bei den Menschen etwas heil und Gott damit verherrlicht.

Teilen wirkt dadurch zu Gott hin. Unser Besitz ist ja im Letzten eine Leihgabe. Ein Geschenk auf Zeit, das ich am Ende wieder loslasse und in andere Hände gebe. Mit dem Teilen bekommen auch andere Anteil am Rundlauf der Güter. Vom Reich Gottes her gesehen geht es nicht darum, Güter und Geld anzuhäufen, festzuhalten, für sich zu behalten. Dann ist es totes Geld. Güter und Gaben können sich nur entfalten, wenn sie geteilt, weitergegeben werden, wenn sie rundlaufen. Dann bringen sie Land und Leute zum Blühen. Die Materie hat in der Schöpfung den Auftrag bekommen, den Menschen zu dienen, ihnen zur Freude und Hilfe zu sein, in ihrer Beschaffenheit auf den Schöpfer hinzuweisen.

In unserer Gesellschaft ist das Geld an vielen Stellen an die Stelle Gottes gesetzt worden. Es dient nicht mehr, sondern es herrscht. Es verhilft nicht mehr zum Leben, sondern fördert Erstarrung, Hartherzigkeit und Abhängigkeit.

Hab und Gut miteinander zu teilen nimmt das erste Gebot ernst.

> Ich bin der Herr, dein Gott, der ich dich aus Ägyptenland, aus der Knechtschaft geführt habe. Du sollst keine anderen Götter haben neben mir.
>
> Ex. 20,2–3

> Ihr könnt nicht Gott dienen und dem Mammon. Denn wo dein Schatz ist, da ist auch dein Herz.
>
> Mt. 6,24b.21

Wo Gott geehrt wird, wachsen Freiheit und Liebe der Menschen. Und umgekehrt: Wo das erste Gebot vergessen wird, entsteht neue Knechtschaft. Hier gibt es keinen Mittelweg. Jesus polarisiert: Gott oder Mammon.

Schließlich übt das Teilen eine Wirkung auf den Gebenden aus. Schenken bereichert, macht frei von sich selber, nimmt den anderen in den Blick. Schenken verändert die Welt, durchbricht das starre Haben und Festhalten, bringt Menschen in Bewegung. Schenken macht beiden Freude: dem Schenkenden und dem Beschenkten. Die Dichter haben uns darauf hingewiesen, dass wir in jeder Gabe uns selber schenken.

Mit den Augen des Reiches Gottes sehen lernen. Die arme Witwe mit ihren zwei Scherflein lebt das, wozu Jesus in der Bergpredigt auffordert:

> Darum sollt ihr nicht sorgen und sagen: Was werden wir essen? Was werden wir trinken? Womit werden wir uns kleiden? Nach dem allen trachten die Heiden. Denn euer himmlischer Vater weiß, dass ihr all dessen bedürft. Trachtet zuerst nach dem Reich Gottes und nach seiner Gerechtigkeit, so wird euch das alles zufallen. Darum sorgt nicht für morgen, denn der mor-

gige Tag wird für das Seine sorgen. Es ist genug, dass jeder Tag seine eigene Plage hat.

MT. 6,31–34

Dazu passt das Geben in der Stille und Verborgenheit, ohne Öffentlichkeit, ohne Zeugen, ohne Anerkennung.

Habt acht auf eure Frömmigkeit, dass ihr die nicht übt vor den Leuten, um von ihnen gesehen zu werden; ihr habt sonst keinen Lohn bei eurem Vater im Himmel. Wenn du nun Almosen gibst, sollst du es nicht vor dir ausposaunen lassen, wie es die Heuchler tun in den Synagogen und auf den Gassen, damit sie von den Leuten gepriesen werden. Wahrlich, ich sage euch: Sie haben ihren Lohn schon gehabt. Wenn du aber Almosen gibst, so lass deine linke Hand nicht wissen, was die rechte tut, damit dein Almosen verborgen bleibe; und dein Vater, der in das Verborgene sieht, wird dir's vergelten.

MT. 6,1–4

Im Geringen das Ganze erkennen, mit Jesu Augen sehen lernen. Die Witwe am Gotteskasten als Vorbild. Fasten – und Passionszeit als Einübung in das Teilen. Die Existenz vor Gott in allen Lebensvollzügen ernst nehmen.

Meine Augen sehen stets auf den Herrn.

PS. 25,15

Darum ist das Geben der Witwe uns als Vorbild erhalten geblieben.

Amen.

LITURGISCHE BAUSTEINE

Wie lieb sind mir deine Wohnungen, Herr Zebaoth!
Meine Seele verlangt und sehnt sich nach den Vorhöfen des Herrn;
mein Leib und Seele freuen sich in dem lebendigen Gott.
Der Vogel hat ein Haus gefunden
und die Schwalbe ein Nest für ihre Jungen –
deine Altäre, Herr Zebaoth, mein König und mein Gott.
Wohl denen, die in deinem Hause wohnen;
die loben dich immerdar.
Wohl den Menschen, die dich für ihre Stärke halten
und von Herzen dir nachwandeln!
Wenn sie durchs dürre Tal ziehen, wird es ihnen zum Quellgrund,
und Frühregen hüllt es in Segen.
Sie gehen von einer Kraft zur andern
und schauen den wahren Gott in Zion.
Herr, Gott Zebaoth, höre mein Gebet;
vernimm es, Gott Jakobs!
Gott, unser Schild, schaue doch;
sieh doch an das Antlitz deines Gesalbten!
Denn ein Tag in deinen Vorhöfen ist besser als sonst tausend.
Ich will lieber die Tür hüten in meines Gottes Hause
als wohnen in der Gottlosen Hütten.
Denn Gott der Herr ist Sonne und Schild;
der Herr gibt Gnade und Ehre.
Er wird kein Gutes mangeln lassen den Frommen.
Herr Zebaoth, wohl dem Menschen, der sich auf dich verlässt!

PS. 84 (EG RWL 735.1–2)

Nun lasst uns Gott dem Herren Dank sagen und ihn ehren
für alle seine Gaben, die wir empfangen haben.

Den Leib, die Seel, das Leben hat er allein uns geben;
dieselben zu bewahren, tut er nie etwas sparen.

Nahrung gibt er dem Leibe; die Seele muss auch bleiben,
wiewohl tödliche Wunden sind kommen von der Sünden.

Ein Arzt ist uns gegeben, der selber ist das Leben;
Christus, für uns gestorben, der hat das Heil erworben.

Sein Wort, sein Tauf, sein Nachtmahl dient wider alles Unheil;
der Heilig Geist im Glauben lehrt uns darauf vertrauen.

Durch ihn ist uns vergeben die Sünd, geschenkt das Leben.
Im Himmel solln wir haben, o Gott, wie große Gaben!

Wir bitten deine Güte, wollst uns hinfort behüten,
uns Große mit den Kleinen; du kannst's nicht böse meinen.

Erhalt uns in der Wahrheit, gib ewigliche Freiheit,
zu preisen deinen Namen durch Jesus Christus. Amen.

LUDWIG HELMBOLD 1575 (EG 320, 1–8)

WEITERE LIEDVORSCHLÄGE:

EG 220   HERR, DU WOLLEST UNS BEREITEN

EG 252   JESU, DER DU BIST ALLEINE

EG 331   GROSSER GOTT, WIR LOBEN DICH

EG 345   AUF MEINEN LIEBEN GOTT

Vollbracht

Gottesdienst zu Johannes 19,16–30
Karfreitag

Da überantwortete er ihnen Jesus, dass er gekreuzigt würde. Sie nahmen ihn aber, und er trug sein Kreuz und ging hinaus zur Stätte, die da heißt Schädelstätte, auf Hebräisch Golgatha. Dort kreuzigten sie ihn und mit ihm zwei andere zu beiden Seiten, Jesus aber in der Mitte.

Pilatus aber schrieb eine Aufschrift und setzte sie auf das Kreuz; und es war geschrieben: Jesus von Nazareth, der König der Juden. Diese Aufschrift lasen viele Juden, denn die Stätte, wo Jesus gekreuzigt wurde, war nahe bei der Stadt. Und es war geschrieben in hebräischer, lateinischer und griechischer Sprache. Da sprachen die Hohenpriester der Juden zu Pilatus: Schreib nicht: Der König der Juden, sondern, dass er gesagt hat: Ich bin der König der Juden. Pilatus antwortete: Was ich geschrieben habe, das habe ich geschrieben.

Als aber die Soldaten Jesus gekreuzigt hatten, nahmen sie seine Kleider und machten vier Teile, für jeden Soldaten einen Teil, dazu auch das Gewand. Das war aber ungenäht, von oben an gewebt in einem Stück. Da sprachen sie untereinander: Lasst uns das nicht zerteilen, sondern darum losen, wem es gehören soll. So sollte die Schrift erfüllt werden, die sagt (Ps 22,19): „Sie haben meine Kleider unter sich geteilt und haben über mein Gewand das Los geworfen." Das taten die Soldaten.

Es standen aber bei dem Kreuz Jesu seine Mutter und seiner Mutter Schwester, Maria, die Frau des Klopas, und Maria von Magdala. Als nun Jesus seine Mutter sah und bei ihr den Jünger, den er liebhatte, spricht er zu seiner Mutter: Frau, siehe, das ist dein Sohn! Danach spricht er zu dem Jünger: Siehe, das ist deine Mutter! Und von der Stunde an nahm sie der Jünger zu sich. Danach, als Jesus wusste, dass schon alles vollbracht war, spricht er, damit die Schrift erfüllt würde: Mich dürstet. Da stand ein Gefäß

voll Essig. Sie aber füllten einen Schwamm mit Essig und steckten ihn auf
ein Ysoprohr und hielten es ihm an den Mund. Als nun Jesus den Essig genommen hatte, sprach er: Es ist vollbracht! und neigte das Haupt und ver-
schied.

JOH. 19,16–30

Liebe Gemeinde,

Als Gemeinde Jesu gehen wir an diesem Karfreitag in Gedanken mit nach
Golgatha und bleiben an Jesu Seite in seiner Sterbestunde. Wir haben die
Kreuzigungsszene nach Johannes gehört. Intensiv und genau berichtet der
Evangelist über die letzten Momente im irdischen Leben Jesu. Zugleich
deutet er das Geschehen als Heilsgeschichte.

Es beginnt mit der Inschrift am Kreuz. Pilatus lässt aus Spott ein Schild
anbringen mit der Aufschrift: Der König der Juden. Womit Jesus verächt-
lich gemacht werden soll, drückt doch eine tiefe Wahrheit aus. Ohne es zu
wissen und zu wollen, verbreitet Pilatus, der ungläubige römische Statthalter, Gottes Wahrheit, und zwar in den damals geläufigen Weltsprachen
Latein und Griechisch sowie in Hebräisch für die Juden in Israel.

Jesus ist ein König, der durch sein Leiden und seinen Tod von Gott in
einen ehrenvollen Rang erhoben wird. Er ist ein König der Schmerzen und
ein König der Herzen. Noch heute weist die Abkürzung INRI (INRI ist die
Abkürzung für die lateinische Fassung) auf Kruzifixen darauf hin.

Keiner rechnet mit dem Fortgang der Geschichte nach dieser Hinrichtung.
Wie bei der Todesstrafe üblich sind die Kleider der Verurteilten eine Beute
der Henker. Für die römischen Soldaten damals ein bescheidener Zuver-
dienst. Da hängt der Messias am Kreuz – des Lebens, der Ehre und des
wenigen Besitzes beraubt: Mehr als seine Kleidung besaß Jesus nicht.

Hier wird Tabula rasa gemacht. Die Soldaten erfüllen ihre grausame Pflicht
und gehen zur Tagesordnung über. Mitten im Alltagsgeschäft der Justiz erfüllt sich die Verheißung aus alter Zeit, dass die Kleider des Auserwählten
Gottes verteilt und verlost werden.

Noch am Kreuz, mit den letzten Atemzügen stiftet Jesus Verbindung. Er sieht die Verzweiflung und Trauer in den Augen seiner Mutter und seines Lieblingsjüngers. Er setzt sie in ein neues Verhältnis als Mutter und Sohn: *Frau, siehe, das ist dein Sohn! Siehe, das ist deine Mutter!* Das wird zum Vorbild für die christliche Gemeinde: Stärker als Blutsbande wird die Verwandtschaft durch den Geist Gottes sein. In der Nachfolge finden sich neben leiblichen Eltern und Kindern neue Mütter und Väter, Töchter und Söhne, Brüder und Schwestern. Mit dem Tod Jesu am Kreuz wird der Neue Bund in Kraft gesetzt: Vor aller Verwandtschaft sind wir als allererstes Kinder Gottes.

Es ist vollbracht! Jesus kommt an sein Ziel. Er stirbt am Kreuz, um uns Menschen zu erlösen. Sein langer, mühsamer Weg ist zu Ende. Sein Werk ist vollbracht. Die Außenstehenden erleben es als ein Scheitern, als Unglück und Ungerechtigkeit. Jesus wusste von Anfang an, wie sein Ende aussehen würde.

Es ist vollbracht:
– dass einer stellvertretend für die anderen die Sünde getragen hat;
– dass er seinem Schicksal nicht davongelaufen ist;
– dass einer die Gottesferne aushält, um sie so für immer zu überwinden;
– dass der Tod mit dem Tod entmachtet wird;
– dass Jesu Gerechtigkeit nun uns zugerechnet wird;
– dass wir Vergebung finden für unser Versagen, unsere Lieblosigkeiten;
– dass der Zugang zu Gott frei ist für jeden, der an Jesus glaubt;
– dass Gott jedes Ende in einen neuen Anfang verwandeln kann.

Es ist vollbracht! Jesus gewinnt am Kreuz für uns das Leben. Seit diesem Geschehen damals vor zweitausend Jahren steht auch über unseren persönlichen Karfreitagen, in den Zeiten, wo sich unser Leiden und einmal unser Sterben zuspitzt, dieses Wort Jesu: *Es ist vollbracht!*

Eine Frau berichtet von ihrem Erleben:

„Weshalb musste Gottes Sohn so grausam sterben? Ich habe mir diese Frage lange nicht gestattet. Zum ersten Mal habe ich eine Antwort erfahren, als meine Mutter im Sterben lag und sie mir, schon beinahe nicht mehr des Redens fähig, mitteilte, dass sie ganz viel Kraft und Zuspruch erfährt durch das Anschauen des Kreuzes. Sie konnte vom Bett aus direkt auf Jesus am Kreuz blicken. So begriff ich, dass viele Menschen, die selbst durch große Schmerzen und durch Einsamkeit gehen müssen, in Jesus, dem Sohn Gottes, einen Bruder und einen Menschen erfahren können, der diesen Weg auch gegangen ist"

AUS: 7 WOCHEN ANDERS LEBEN, 7. FASTENBRIEF, 10.4.2006, S. 2

HRSG. VON ANDERE ZEITEN E.V., INITIATIVEN ZUM KIRCHENJAHR, HAMBURG

VERFASSER/IN UNBEKANNT

Dass Christus unsere Leiden getragen hat, dass wir durch seine Wunden geheilt werden, das feiern wir heute am Karfreitag. Diesem Geheimnis nähern wir uns im Abendmahl.

In Brot und Wein gewinnen wir Anteil an der Lebenshingabe Jesu für uns. Christi Leib für dich gebrochen, damit wir heil werden.

Dein Kampf ist unser Sieg, dein Tod ist unser Leben;
in deinen Banden ist die Freiheit uns gegeben.
Dein Kreuz ist unser Trost, die Wunden unser Heil,
dein Blut das Lösegeld, der armen Sünder Teil.

ADAM THEBESIUS 1663 (EG 87, 3)

Amen.

LITURGISCHE BAUSTEINE

Er war der Allerverachtetste und Unwerteste, voller Schmerzen und Krankheit. Er war so verachtet, dass man das Angesicht vor ihm verbarg; darum haben wir ihn für nichts geachtet.

Fürwahr, er trug unsre Krankheit und lud auf sich unsre Schmerzen. Wir aber hielten ihn für den, der geplagt und von Gott geschlagen und gemartert wäre. Aber er ist um unsrer Missetat willen verwundet und um unsrer Sünde willen zerschlagen. Die Strafe liegt auf ihm, auf dass wir Frieden hätten, und durch seine Wunden sind wir geheilt.

JES. 53,3–5

Du großer Schmerzensmann, vom Vater so geschlagen,
Herr Jesu, dir sei Dank für alle deine Plagen:
für deine Seelenangst, für deine Band und Not,
für deine Geißelung, für deinen bittern Tod.

Ach das hat unsre Sünd und Missetat verschuldet,
was du an unsrer Statt, was du für uns erduldet.
Ach unsre Sünde bringt dich an das Kreuz hinan;
o unbeflecktes Lamm, was hast du sonst getan?

Lass deine Wunden sein die Heilung unsrer Sünden,
lass uns auf deinen Tod den Trost im Tode gründen.
O Jesu, lass an uns durch dein Kreuz, Angst und Pein
dein Leiden, Kreuz und Angst ja nicht verloren sein.

ADAM THEBESIUS 1663 (EG 87, 1.2.6)

Mein Gott, mein Gott, warum hast du mich verlassen?
Ich schreie, aber meine Hilfe ist ferne.
Mein Gott, des Tages rufe ich, doch antwortest du nicht,
und des Nachts, doch finde ich keine Ruhe.
Du aber bist heilig,
der du thronst über den Lobgesängen Israels.
Unsere Väter hofften auf dich;
und da sie hofften, halfst du ihnen heraus.
Zu dir schrien sie und wurden errettet,
sie hofften auf dich und wurden nicht zuschanden.
Sei nicht ferne von mir, denn Angst ist nahe;
denn es ist hier kein Helfer.
Aber du, Herr, sei nicht ferne;
meine Stärke, eile, mir zu helfen!

PS. 22 I.A. (EG RWL 709.1)

HINWEIS ZUR GESTALTUNG DES GOTTESDIENSTES:

DIE LESUNG AUS DER JOHANNESPASSION KANN IN ABSCHNITTEN ERFOLGEN,
DIE JEWEILS VON EINIGEN LIEDSTROPHEN UNTERMALT WERDEN.
ZUM BEISPIEL:

JOH. 19,16–22
EG 85, 1–2   O HAUPT VOLL BLUT UND WUNDEN

JOH. 19,23–27
EG 85, 3–4

JOH. 19,28–30
EG 85, 5–6

Heil werden mit den Wunden

Gottesdienst zu Johannes 20,24–31
Ostern

Thomas aber, der Zwilling genannt wird, einer der Zwölf, war nicht bei ihnen, als Jesus kam.

Da sagten die andern Jünger zu ihm: Wir haben den Herrn gesehen. Er aber sprach zu ihnen: Wenn ich nicht in seinen Händen die Nägelmale sehe und meinen Finger in die Nägelmale lege und meine Hand in seine Seite lege, kann ich's nicht glauben. Und nach acht Tagen waren seine Jünger abermals drinnen versammelt, und Thomas war bei ihnen. Kommt Jesus, als die Türen verschlossen waren, und tritt mitten unter sie und spricht: Friede sei mit euch!

Danach spricht er zu Thomas: Reiche deinen Finger her und sieh meine Hände, und reiche deine Hand her und lege sie in meine Seite, und sei nicht ungläubig, sondern gläubig!

Thomas antwortete und sprach zu ihm: Mein Herr und mein Gott! Spricht Jesus zu ihm: Weil du mich gesehen hast, Thomas, darum glaubst du. Selig sind, die nicht sehen und doch glauben!

Noch viele andere Zeichen tat Jesus vor seinen Jüngern, die nicht geschrieben sind in diesem Buch. Diese aber sind geschrieben, damit ihr glaubt, dass Jesus der Christus ist, der Sohn Gottes, und damit ihr durch den Glauben das Leben habt in seinem Namen.

JOH. 20,24–31

Liebe Gemeinde,

die Geschichte vom sogenannten „ungläubigen Thomas" ist vielen bekannt. Weil das Geschehen so anschaulich ist, bleibt es in der Erinnerung gut haften. In dieser Ostergeschichte werden uns die Kennzeichen der Auferstehung genannt.

Die Jünger hatten von den Frauen gehört, dass Jesus von den Toten auferweckt wurde. Einigen war der Auferstandene schon selbst begegnet. Doch Thomas war damals nicht dabei gewesen. Begeistert hatten die Jünger Thomas von ihrer überwältigenden Begegnung mit Jesus erzählt. Doch Thomas wusste es besser. Er glaubt seinen Freunden nicht, sondern fordert:

Wenn ich nicht in seinen Händen die Nägelmale sehe und meinen Finger in die Nägelmale lege und meine Hand in seine Seite lege, kann ich's nicht glauben.

Thomas will den Auferstandenen mit seinen Sinnesorganen begreifen, er will sehen und betasten, um sich von der Identität Jesu zu überzeugen. Er will ganz sicher sein: Der Gekreuzigte ist der Auferstandene und umgekehrt. Für seinen Glauben ist es wichtig, dass er keinem Irrtum aufsitzt, dass er sich nicht falsche Hoffnungen macht. Sein Maßstab ist das, was er mit seinen Sinnesorganen erfassen kann: mit Augen und Ohren, mit der Nase und der Haut, mit seinem Geschmack. So reduziert er seine Welt, seine Realität auf sehr enge Grenzen, denn vieles bleibt dabei außen vor: nämlich die Gedanken und Gefühle, die Träume, die inneren Organe, die geistigen und seelischen Bewegungen.

Thomas ist ein moderner Mensch, der sich mit dem Vertrauen auf die Erfahrungen anderer schwer tut, der nur glaubt, was er selber sieht, und sich so selber in seinem Erleben beschränkt hat.

In unserer Ostergeschichte kommt nun der auferstandene Jesus durch die verschlossene Tür zur versammelten Jüngerschar. Damit wird deutlich, dass Jesus nach seiner Auferstehung eine andere Existenzform angenommen hat. Paulus nennt das den *geistlichen Leib* (1. Kor. 15). Jesus ist an seinem Leib erkennbar, aber dieser Leib ist nicht mehr der Materie unter-

worfen wie der irdische Jesus. Ein weiteres Erkennungszeichen ist der Friedensgruß an die Jünger: *Friede sei mit euch!*
Und nun folgt diese berühmte Szene, die sich ganz auf Thomas und Jesus konzentriert. Jesus geht auf Thomas zu und sagt:

> Reiche deinen Finger her und sieh meine Hände, und reiche deine Hand her und lege sie in meine Seite, und sei nicht ungläubig, sondern gläubig!

Auferstehung bedeutet: heil werden mit den Wunden. Jesus zeigt die Narben in seinen Handflächen, die Verwundung an seiner Seite. An den Nägelmalen ist er als der Gekreuzigte erkennbar. Die Narben bleiben, aber sie tun nicht mehr weh. Die Narben gehören unverwechselbar zu seiner Person, ja an seinem überstandenen Leiden hängt seine Identität. Jesus fordert Thomas dazu auf, den Finger in die Wunde zu legen. In der Auferstehung ist das möglich, ohne vor Schmerz aufschreien zu müssen. Unsere Narben erzählen von den Auferstehungen jetzt schon hier in diesem Leben: Wenn einer eine Operation überlebt, wenn jemand einen Kummer überwindet und wieder froh wird, wenn einer einen Verlust in sein Leben integrieren kann und dadurch verwandelt wird.

Jesus wird an den Narben erkannt. Narben bleiben im Körper, sichtbare und unsichtbare. Sie sind Zeichen erfahrener Not und erzählen zugleich von der Rettung aus der Not. Narben gehören zu unserer Lebensgeschichte, sie haben einen Sinn. In der Auferstehung werden sie gewürdigt als zu unserer Person gehörend. Heil werden mit den Wunden.

Thomas erkennt und bekennt Jesus als Sohn Gottes: *Mein Herr und mein Gott!* Vermutlich war die direkte Berührung für ihn jetzt gar nicht mehr wichtig. Er hatte Jesus gesehen, das reichte ihm. Doch Jesus weitet die Szene zum Abschluss aus und zieht sie für uns in die Gegenwart:

> Weil du mich gesehen hast, Thomas, darum glaubst du. Selig sind, die nicht sehen und doch glauben!

Das ist für uns gesprochen, deren Glauben auf das Unsichtbare bezogen ist. Selig seid ihr, wenn ihr nichts von Gottes Reich seht und dennoch an sein Kommen glaubt. Selig seid ihr, wenn ihr mutig und wachsam dem Zeugnis, der erzählten Erfahrung anderer Glauben schenkt: wie diesem Menschen die Wirklichkeit Gottes begegnet ist, wie ein Kranker durch Gott es Kraft wieder gesund wird, wie in der Schöpfung Gottes Lebenskraft zu sehen ist. Jede Blüte, jedes grüne Blatt, jede Frucht ist eine Spur der Auferstehung in dieser Welt.

Selig seid ihr, wenn ihr mit den Augen des Herzens unter die Oberfläche schaut. Selig seid ihr, wenn ihr nicht ichbezogen und selbstbeschränkt seid wie Thomas, der sich selbst für den alleinigen Maßstab hielt.

Selig sind, die nicht sehen und doch glauben!

Was für Christus in seiner Auferstehung gilt, gilt auch für uns: in vollem Umfang, in ganzer Tragweite. Der rote Faden unseres Lebens reißt im Tod nicht ab, sondern wird im Tod verwandelt, sodass ein geistlicher Leib auferstehen wird. Unsere Identität bleibt erhalten, wir werden erkannt an unseren Wunden, mit denen wir heil geworden sind.

Was in der Taufe über unserem Leben gesagt wurde, bleibt aktuell und in Kraft:

So spricht Gott, der Herr: Fürchte dich nicht, denn ich habe dich erlöst; ich habe dich bei deinem Namen gerufen; du bist mein!

JES. 43,1

In der Auferstehung am Ende der Tage vollendet sich unsere Imago Dei, Gottes Treue erfüllt unsere Gottebenbildlichkeit mit Schönheit und Wahrheit.

Wir feiern 50 Tage österliche Freudenzeit. Es gibt nichts Größeres als Ostern. Wir sind die reichsten und glücklichsten Menschen.

Amen.

LITURGISCHE BAUSTEINE

Auf, auf, mein Herz, mit Freuden nimm wahr, was heut geschicht;
wie kommt nach großem Leiden nun ein so großes Licht!
Mein Heiland war gelegt da, wo man uns hinträgt,
wenn von uns unser Geist gen Himmel ist gereist.

Er war ins Grab gesenket, der Feind trieb groß Geschrei;
eh er's vermeint und denket, ist Christus wieder frei
und ruft Viktoria, schwingt fröhlich hier und da
sein Fähnlein als ein Held, der Feld und Mut behält.

Das ist mir anzuschauen ein rechtes Freudenspiel;
nun soll mir nicht mehr grauen vor allem, was mir will
entnehmen meinen Mut zusamt dem edlen Gut,
so mir durch Jesus Christ aus Lieb erworben ist.

Die Welt ist mir ein Lachen mit ihrem großen Zorn,
sie zürnt und kann nichts machen, all Arbeit ist verlorn.
Die Trübsal trübt mir nicht mein Herz und Angesicht,
das Unglück ist mein Glück, die Nacht mein Sonnenblick.

Ich hang und bleib auch hangen an Christus als ein Glied;
wo mein Haupt durch ist gangen, da nimmt er mich auch mit.
Er reißet durch den Tod, durch Welt, durch Sünd, durch Not,
er reißet durch die Höll, ich bin stets sein Gesell.

PAUL GERHARDT 1647 (EG 112, 1–3.5–6)

Ich will dich erheben, mein Gott, du König,
und deinen Namen loben immer und ewiglich.
Der Herr ist groß und sehr zu loben,
und seine Größe ist unausforschlich.
Kindeskinder werden deine Werke preisen
und deine gewaltigen Taten verkündigen.
Gnädig und barmherzig ist der Herr,
geduldig und von großer Güte.
Dein Reich ist ein ewiges Reich,
und deine Herrschaft währet für und für.

PS. 145,1.3.4.13A (EG RWL 761.1)

Österliche Menschen entdecken in sich jene Auferstehungskraft, die uns innerlich aufrichtet und uns mit anderen für Frieden in Gerechtigkeit und Bewahrung der Schöpfung aufstehen lässt.

Auferstehung ereignet sich im Hier und Jetzt. Die Kraft des Augenblicks wird uns geschenkt, wenn wir beim Aufstehen – morgens und den ganzen Tag hindurch – stehen bleiben und uns erinnern, wie Christus auch in uns aufersteht.

Auferstehung erfahren wir, wenn wir miteinander Durststrecken aushalten und uns durch biblische Worte erinnern, wie wir uns befreien lassen können aus Fremdbestimmung, Ohnmacht und Resignation. Wir können wachsen und reifen an unseren durchkreuzten Hoffnungen und Lebensplänen. Im Kreuz- und Auferstehungsweg Jesu können wir unser ganzes Leben in seiner Schönheit und Widersprüchlichkeit erkennen. Wir erahnen, dass der Tod nicht das letzte Wort, sondern das Sterben ein Geburtsprozess ist, um für immer in Gottes Geborgenheit hineingeboren zu werden.

PIERRE STUTZ, AUS: JAHRESKLÄNGE 2006. DER SPIRITUELLE WOCHENKALENDER HRSG. VON PETER DYCKHOFF, ANTON ROTZETTER, PIERRE STUTZ UND BÄRBEL WARTENBERG-POTTER, J. F. STEINKOPF VERLAG KIEL, BLATT 16 – 22.4.2006

WEITERE LIEDVORSCHLÄGE:

EG 99   CHRIST IST ERSTANDEN

EG 100   WIR WOLLEN ALLE FRÖHLICH SEIN

EG 114   WACH AUF, MEIN HERZ, DIE NACHT IST HIN

EG 115   JESUS LEBT, MIT IHM AUCH ICH!

Vorbild

Gottesdienst zu 1. Petrus 2,21–25
Miserikordias Domini

Liebe Gemeinde,

hatten Sie Vorbilder, an denen Sie sich orientiert haben? Jemand von Ihren Eltern oder Großeltern, jemand aus Ihrem Freundeskreis, aus Ihrer Gemeinde, ein Kollege oder eine Nachbarin?
Vorbilder sind Menschen, die uns anziehen durch ihr Verhalten. Menschen, die eine Eigenschaft haben, die uns gefällt, die wir uns für unser Leben wünschen. Wie jemand eine Krise bewältigt hat, wie jemand mit seinen Mitmenschen umgeht, wie jemand in der Welt steht, wie jemand etwas aus seinem Leben macht. Vorbildlich sagen wir, wenn etwas nachahmenswert ist. Vorbilder weisen auf das Gute, Wahre und Schöne hin.

Oft haben wir verschiedene Vorbilder für verschiedene Aspekte des Lebens. Kein Menschenleben bildet insgesamt ein vollkommenes Vorbild ab. Unsere selbst gewählten Vorbilder haben ihre Spuren in unserem Leben hinterlassen. Wir haben sie nachgeahmt, ihnen nachgeeifert, werden durch sie – manchmal ein Leben lang – motiviert.

Mit der Zeit kann es geschehen, dass wir selbst zu Vorbildern für andere werden. Manchmal wissentlich, manchmal unwissentlich. Etwas in unserem Leben wird für andere zum Vorbild, woraus sie Kraft und Mut gewinnen. Vorbildlichkeit hat eine lange Nachwirkung und breitet sich so langsam aus.

Als Christen schauen wir auf Christus als das Vorbild aller Vorbilder. Der Petrusbrief fasst den Lebensstil Jesu in wenigen Versen zusammen:

Denn dazu seid ihr berufen, da auch Christus gelitten hat für euch und euch ein Vorbild hinterlassen, dass ihr sollt nachfolgen seinen Fußtapfen;

er, der keine Sünde getan hat und in dessen Mund sich kein Betrug fand;
der nicht widerschmähte, als er geschmäht wurde, nicht drohte, als er litt,
er stellte es aber dem anheim, der gerecht richtet; der unsre Sünde selbst
hinaufgetragen hat an seinem Leibe auf das Holz, damit wir, der Sünde ab-
gestorben, der Gerechtigkeit leben. Durch seine Wunden seid ihr heil geworden. Denn ihr wart wie die irrenden Schafe; aber ihr seid nun bekehrt
zu dem Hirten und Bischof eurer Seelen.

1. PETR. 2,21–25

Durch unsere Taufe, durch die Umkehr zu Gott sind wir in eine neue Wirklichkeit gestellt worden. Es gilt nicht mehr das Gesetz von Schuld und
Vergeltung, sondern die Gnade verwandelt die Schuld durch Vergebung zu
einem Neubeginn.

Als Christen sind wir dazu berufen, Jesu Spuren nachzugehen. Im Einzelnen bedeutet das, sich bei unserem Tun und Lassen an ihm zu orien-
tie-ren:
– Er hat keine Sünde getan, er ließ sich nicht vom Vertrauen auf Gott ab-
bringen; nicht durch Spott, nicht durch Ablehnung oder Verrat, nicht durch
Leiden, nicht durch den Tod.
– In seinem Mund fand sich kein Betrug, er sprach die Wahrheit, machte
die Dinge nicht größer oder kleiner als sie sind. Er benannte die Realität,
wie sie war in ihrer Schönheit und in ihrer Grausamkeit.
– Der nicht widerschmähte, als er geschmäht wurde; er schwieg zu den falschen Anschuldigungen; er lehnte den Kampf Auge um Auge, Zahn um
Zahn ab. Er ging freiwillig den unteren Weg.
– Er drohte nicht, als er litt. Er lebte aus dem Vertrauen zum himmlischen
Vater und wies die Angst in ihre Schranken. Den Schmerz ließ er zu, ohne
dafür anderen Schmerzen zuzufügen, denn er schaute hinter die Fassaden
der Menschen.
– Er stellte es aber dem anheim, der gerecht richtet; Jesus hatte einen langen Atem. Das Gericht überließ er getrost Gott, der am Ende seine Gerechtigkeit aufrichten wird. Jesus schaute über die einzelne Situation hinaus das
Ganze an, den Horizont des Reiches Gottes. So fand er die Kraft, das erlit-
tene Unrecht zu ertragen.
– Jesus gibt am Kreuz sein Leben, damit wir frei sind, um ihm zu folgen;
damit durch unser Leben etwas von Gott zu den Menschen strahlt.

– Durch seine Wunden sind wir heil geworden; der Riss zwischen Himmel und Erde ist geheilt. Entgegen aller Logik, entgegen aller Rechnerei werden wir durch das Leiden Jesu heil.

– Wir waren wie die irrenden Schafe, aber wir sind nun bekehrt zu dem Hirten und Bischof unserer Seelen. Gott hat uns in Jesus gesucht und gefunden. Wir haben nach Hause gefunden, in das Vertrauen zu Gott, in die Gemeinschaft der Glaubenden, wir gehören einer Heimat an, die nichts und niemand uns streitig machen kann.

– Jesus als der Hirte und Bischof unserer Seele. Das eigene Leiden annehmen und aushalten, indem wir auf die Auferstehung Jesu von den Toten schauen. In der Hoffnung, dass es auch aus unserem Leiden eine Auferstehung geben wird.

Von dem verstorbenen Papst Johannes Paul II. wird überliefert, er habe kurz vor seinem Tod gesagt: „Ich bin froh, seid ihr es auch." Er wusste, er geht in das Haus des Vaters im Himmel.

Jesus, der Meister, als das Vorbild aller Vorbilder. Kein Erfolgsmensch, wie die Illustrierten sie uns zeigen, sondern ein Mensch voller Vertrauen auf Gott, wahrhaftig, liebevoll, treu bis in den Tod. Wir sind gerufen, ihm nachzufolgen und in der Nachfolge ihm ähnlich zu werden. Dann werden wir Erfahrungen machen, wie sie im 23. Psalm ausgedrückt sind:

Der Herr ist mein Hirte,
mir wird nichts mangeln.
Er weidet mich auf einer grünen Aue
und führet mich zum frischen Wasser.
Er erquicket meine Seele.
Er führet mich auf rechter Straße um seines Namens willen.
Und ob ich schon wanderte im finstern Tal,
fürchte ich kein Unglück;
denn du bist bei mir,
dein Stecken und Stab trösten mich.
Du bereitest vor mir einen Tisch
im Angesicht meiner Feinde.
Du salbest mein Haupt mit Öl
und schenkest mir voll ein.
Gutes und Barmherzigkeit werden mir folgen mein Leben lang,
und ich werde bleiben im Hause des Herrn immerdar. Ps. 23 (EG RWL 710)

LITURGISCHE BAUSTEINE

Liebe, die du mich zum Bilde deiner Gottheit hast gemacht,
Liebe, die du mich so milde nach dem Fall hast wiederbracht:
Liebe, dir ergeb ich mich, dein zu bleiben ewiglich.

Liebe, die du mich erkoren, eh ich noch geschaffen war,
Liebe, die du Mensch geboren und mir gleich wardst ganz und gar:
Liebe, dir ergeb ich mich, dein zu bleiben ewiglich.

Liebe, die für mich gelitten und gestorben in der Zeit,
Liebe, die mir hat erstritten ewge Lust und Seligkeit:
Liebe, dir ergeb ich mich, dein zu bleiben ewiglich.

Liebe, die du Kraft und Leben, Licht und Wahrheit, Geist und Wort,
Liebe, die sich ganz ergeben mir zum Heil und Seelenhort:
Liebe, dir ergeb ich mich, dein zu bleiben ewiglich.

JOHANN SCHEFFLER 1657/1695 (EG 401, 1–4)

WEITERE LIEDVORSCHLÄGE:

EG 171   BEWAHRE UNS, GOTT, BEHÜTE UNS, GOTT

EG 227   DANK SEI DIR, VATER, FÜR DAS EWGE LEBEN

EG 274   DER HERR IST MEIN GETREUER HIRT

EG 365   VON GOTT WILL ICH NICHT LASSEN

Unsichtbar da

Gottesdienst zu 2. Korinther 4,16–18
Jubilate

Darum werden wir nicht müde; sondern wenn auch unser äußerer Mensch verfällt, so wird doch der innere von Tag zu Tag erneuert. Denn unsre Trübsal, die zeitlich und leicht ist, schafft eine ewige und über alle Maßen gewichtige Herrlichkeit, uns, die wir nicht sehen auf das Sichtbare, sondern auf das Unsichtbare. Denn was sichtbar ist, das ist zeitlich; was aber unsichtbar ist, das ist ewig.

2. Kor. 4,16–18

Liebe Gemeinde,

Sie kennen die wohltuende Erfahrung, sich mit anderen Menschen über ein bewegendes Ereignis auszutauschen. Man fühlt sich miteinander verbunden, da man Ähnliches erlebt und empfindet. Nähe entsteht dadurch, Vertrauen und Anteilnahme. Dabei spielt es gar keine Rolle, ob es sich um erfreuliche, schöne Erlebnisse oder um Schweres handelt.

Auf dieser Grundlage hat der Apostel Paulus seine Briefe an die christlichen Gemeinden geschrieben. Seine Lebens- und Leidenserfahrungen werden ihm zum Ausgangspunkt, um über Gottes Handeln zu sprechen.

Unser Predigttext beginnt mit dem Satz: *Darum werden wir nicht müde.* Das lässt aufhorchen. Nicht müde werden. Vermutlich erleben wir es häufiger, dass wir müde und erschöpft sind: durch lange Krankheit, durch Sorgen, durch Rückschläge. Müde werden wir, wenn sich Kummer auf unsere Seele legt, wenn sich unser Spielraum einengt, wenn Augen und Ohren, Beine und Füße schwächer werden. In unserer Gesellschaft sind viele

Menschen chronisch erschöpft, weil sie zu viel Stress haben. Die Müdigkeit zieht dann oft Resignation und Verzagtheit nach sich.

Darum werden wir nicht müde; sondern wenn auch unser äußerer Mensch verfällt, so wird doch der innere von Tag zu Tag erneuert. Der Apostel Paulus verspricht kein Allheilmittel gegen Müdigkeit und Schwäche. Er spricht von der inneren Provinz in uns: Der äußere, leibliche Mensch ist mit dem inneren, geistlichen Menschen verbunden, aber von ihm unterschieden. Der Leib verfällt nach und nach mit steigendem Alter, das wissen wir aus der Biologie. Aber der innere Mensch wird täglich erneuert, sagt Paulus. Damit rührt er an das Geheimnis des Menschseins. Wie können wir das verstehen?

Sie kennen vermutlich Menschen, die alles haben, was man zum glücklich sein braucht, und dennoch traurig, unzufrieden oder lieblos sind. Sie sind unglücklich, obwohl sie gesund, jung, reich und schön sind. Und umgekehrt gibt es auch Menschen, die trotz einer Krankheit, trotz eines erfahrenen Unglückes heiter, freundlich und zufrieden sind. Inneres und äußeres Erleben können also in verschiedene Richtungen gehen. Paulus schreibt über seine Leiden, die er – wie alles in seinem Leben – mit seinem Glauben, mit Gott verbindet. Durch diese Brille betrachtet er, was ihm widerfährt: Obwohl sein Leib leidet, erneuert sich etwas in ihm. Die Neuschöpfung Gottes in ihm hat mit seiner Taufe begonnen.

Aus der Biologie wissen wir, dass sich jeden Tag Millionen und Abermillionen Zellen in uns erneuern, um den Organismus lebendig zu halten. Auf unsere innere Provinz, auf unser geistliches Leben bezogen, bedeutet es, dass in uns Glaube, Hoffnung und Liebe wachsen, sich erneuern, dass sich unsere Gottebenbildlichkeit weiter ausgestaltet. Der innere Mensch entwickelt sich auch weiter auf Gott hin, wenn der Leib, der äußere Mensch hinfällig wird.

Nüchtern und realistisch werden Leiden und Trübsal nicht verschwiegen, nicht schön geredet oder übertrieben, sondern sie werden in den großen Rahmen des Glaubens gestellt: Die Trübsal, der Kummer, die Not sind real da und beschweren uns; aber ihnen ist eine Grenze gesetzt, ihr Ende ist schon definiert. Dieser Blick auf das Ende des Elends und der Blick über dieses Ende hinaus ermöglichen das Durchhaltevermögen: *Darum werden wir nicht müde.* Denn am Ziel wird eine Herrlichkeit, das heißt eine Freude, Schönheit und ein Glanz sein, der alle unsere Vorstellungen übersteigt.

Im Verhältnis zu diesem Ziel gewichtet Paulus die jetzige Trübsal als *zeitlich und leicht*. In dieser Relation von jetzigem Leiden und zukünftigem Heil finden Menschen die Kraft, ihr Leiden zu tragen und auszuhalten, innerlich dabei näher zum leidenden Christus hinzuwachsen. Ohne diesen Horizont wäre es zynisch, die jetzigen Leiden in irgendeiner Weise zu relativieren.

Zur Blickweise des Glaubens gehört das Vertrauen in das Unsichtbare. Wir können Gott nicht direkt sehen, wir können das Reich Gottes nicht anfassen. Mit den Augen und Ohren des Herzens wahrgenommen bekommt vieles eine andere Gestalt, als es sich an der Oberfläche darstellt. Der Glauben schaut in die Tiefenschichten der Wirklichkeit und entdeckt da Gottes Handeln und Gegenwart. Paulus macht die Gleichung auf: Was sichtbar ist, ist zeitlich und vergänglich, wird vergehen, wird ohne Dauer sein. Das Sichtbare ist von der Materie bestimmt, an der der Verfall zu sehen ist. Was dagegen unsichtbar ist, ist nach Paulus ewig, unvergänglich, wird bleiben. Es ist vom Geist bestimmt und damit zeitüberdauernd. *Es bleiben Glaube, Hoffnung, Liebe, diese drei* (1. Kor. 13,13).

Unsere Gesellschaft ist auf Materie, auf Hab und Gut, auf vergängliche Dinge gepolt. Die Nachfolge Jesu führt uns einen anderen Weg: auf das Unvergängliche zu schauen, auf Gottes Wirken an uns und in der Welt zu achten, *stark zu werden durch seinen Geist an dem inwendigen Menschen* (Eph. 3,16).

Mit der Brille des Glaubens gesehen bekommen unsere Lebenserfahrungen einen anderen Horizont, oftmals damit auch eine neue Bedeutung und Bewertung. Wir können das eigene Leiden, die eigene Lebensgeschichte in das große Ganze des Reiches Gottes einordnen. Damit rückt manches von der ersten Position weiter nach hinten. Es kann gelingen, das eigene Leben nicht nur von der Krankheit, vom Alter und der Schwäche bestimmen zu lassen, denn ihnen ist eine Grenze gesetzt. Das Vertrauen in Gott kann so eine Quelle der Erneuerung in uns werden, die uns tiefer zum Glauben, Hoffen und Lieben führt. Heiterkeit, Gelassenheit und Versöhnungsbereitschaft gewinnen Raum in uns. Es ist ein unsichtbares Fließen in uns, nichts Mechanisches, Messbares, Sichtbares.
Darum werden wir nicht müde. Gott vollendet sein Werk und es wird vollendet sein. Amen.

LITURGISCHE BAUSTEINE

Alles ist an Gottes Segen
und an seiner Gnad gelegen
über alles Geld und Gut.
Wer auf Gott sein Hoffnung setzet,
der behält ganz unverletzet
einen freien Heldenmut.

Der mich bisher hat ernähret
und mir manches Glück bescheret,
ist und bleibet ewig mein.
Der mich wunderbar geführet
und noch leitet und regieret,
wird forthin mein Helfer sein.

Sollt ich mich bemühn um Sachen,
die nur Sorg und Unruh machen
und ganz unbeständig sind?
Nein, ich will nach Gütern ringen,
die mir wahre Ruhe bringen,
die man in der Welt nicht find't.

Hoffnung kann das Herz erquicken;
was ich wünsche, wird sich schicken,
wenn es meinem Gott gefällt.
Meine Seele, Leib und Leben
hab ich seiner Gnad ergeben
und ihm alles heimgestellt.

NÜRNBERG 1676 (EG 352, 1–4)

Gott, du bist mein Gott, den ich suche.
Es dürstet meine Seele nach dir,
mein ganzer Mensch verlangt nach dir
aus trockenem, dürrem Land, wo kein Wasser ist.
So schaue ich aus nach dir in deinem Heiligtum,
wollte gerne sehen deine Macht und Herrlichkeit.
Denn deine Güte ist besser als Leben;
meine Lippen preisen dich.
So will ich dich loben mein Leben lang
und meine Hände in deinem Namen aufheben.
Das ist meines Herzens Freude und Wonne,
wenn ich dich mit fröhlichem Munde loben kann;
wenn ich mich zu Bette lege, so denke ich an dich,
wenn ich wach liege, sinne ich über dich nach.
Denn du bist mein Helfer,
und unter dem Schatten deiner Flügel frohlocke ich.
Meine Seele hängt an dir;
deine rechte Hand hält mich.

Ps. 63,2–9 (EG RWL 729)

WEITERE LIEDVORSCHLÄGE:

EG 157   LASS MICH DEIN SEIN UND BLEIBEN

EG 286   SINGT, SINGT DEM HERREN NEUE LIEDER

EG 333   DANKET DEM HERRN! WIR DANKEN DEM HERRN

EG 369   WER NUR DEN LIEBEN GOTT LÄSST WALTEN

Herzensbitte

Gottesdienst zu Lukas 11,5–13
Rogate

Und Jesus sprach zu ihnen: Wenn jemand unter euch einen Freund hat und ginge zu ihm um Mitternacht und spräche zu ihm: Lieber Freund, leih mir drei Brote; denn mein Freund ist zu mir gekommen auf der Reise, und ich habe nichts, was ich ihm vorsetzen kann, und der drinnen würde antworten und sprechen: Mach mir keine Unruhe! Die Tür ist schon zugeschlossen, und meine Kinder und ich liegen schon zu Bett; ich kann nicht aufstehen und dir etwas geben. Ich sage euch: Und wenn er schon nicht aufsteht und ihm etwas gibt, weil er sein Freund ist, dann wird er doch wegen seines unverschämten Drängens aufstehen und ihm geben, soviel er bedarf.

Und ich sage euch auch: Bittet, so wird euch gegeben; suchet, so werdet ihr finden; klopfet an, so wird euch aufgetan. Denn wer da bittet, der empfängt; und wer da sucht, der findet; und wer da anklopft, dem wird aufgetan.

Wo ist unter euch ein Vater, der seinem Sohn, wenn der ihn um einen Fisch bittet, eine Schlange für den Fisch biete? Oder der ihm, wenn er um ein Ei bittet, einen Skorpion dafür biete? Wenn nun ihr, die ihr böse seid, euren Kindern gute Gaben geben könnt, wie viel mehr wird der Vater im Himmel den heiligen Geist geben denen, die ihn bitten!

Lk. 11,5–13

Liebe Gemeinde,

wir befinden uns in der österlichen Freudenzeit. 50 Tage lang feiert die Christenheit die Auferstehung Jesu von den Toten. Sie freut sich über die Änderung der Verhältnisse. Der Tod hat nicht mehr das letzte Wort, sondern das Leben. So wie wir es draußen an den blühenden Bäumen und Blumen betrachten können. Nach einem langen Winter bricht sich das Le-

ben Bahn, das Leben triumphiert über den Tod. Für die Glaubenden hat
Gott die Welt am Ostermorgen noch einmal neu erschaffen.

In den 50 Tagen gehen wir in der österlichen Freude auf das Pfingstfest zu.
An jedem Sonntag dieser Zeit geben uns die Lesungen aus der Heiligen
Schrift ein Thema der Nachfolge zu bedenken. Am heutigen Sonntag Ro-
gate geht es um das Bitten.
Die Jünger bitten Jesus: *Herr, lehre uns beten.* Daraufhin lehrt Jesus sie
das Vaterunser. Gleich danach beginnt unser Predigttext über den bittenden
Freund. Er gehört zur Lektion über das Beten.

Bitte und Danke zu sagen gehört zum guten Stil. Diese kleinen Wörter drü-
cken eine innere Haltung aus. Ich bitte um etwas, ich empfange etwas, ich
danke dafür. Indem ich bitte, wende ich mich an einen anderen, ich brauche
seine Unterstützung oder Hilfe und hoffe darauf, dass er sie mir gewährt.
Es hängt von dem Gegenüber ab, ob er unsere Bitte erhört und erfüllt. Je
vertrauter wir mit dem anderen sind, umso besser können wir einschätzen,
ob und wie er auf unsere Bitte eingeht.

In unserem Predigttext klopft ein Mann des Nachts bei seinem Freund an
die Tür und bittet ihn um Brot, da er überraschend Besuch bekommen hat
und ihn bewirten will. Der Freund lag schon zu Bett, doch weil der da an
der Haustür sein Freund ist, steht er auf und gibt ihm die Brote mit.

Der Predigttext rechnet auch mit einer anderen Variante: Der Freund ist
unwillig und verärgert, da er aus dem Schlaf gerissen wurde. Er will dem
Bittenden nichts geben. Doch dann überlegt er sich, dass der andere ihn
wohl weiter bitten und bedrängen wird, ihn also weiter seiner Nachtruhe
berauben wird. Also beschließt er, seinen Ärger runterzuschlucken, aufzu-
stehen und dem Bittenden das Gewünschte zu geben. Dann hat er wenig-
stens wieder seine Ruhe.

Sie alle kennen solche Situationen, wie Sie gerne und großzügig anderen
geholfen haben, wenn Sie darum gebeten wurden. Und umgekehrt, wie Sie
von Menschen aus Ihrer Familie und Ihrem Freundeskreis unterstützt wurden, wenn Sie um Hilfe gebeten haben. Je herzlicher wir einander zugetan
sind, desto leichter fällt meist das Bitten und Empfangen. Wie gerne geben
Vater und Mutter ihrem Kind, worum es sie bittet.

Aber Sie kennen sicher auch die andere Variante. Sie haben um etwas gebeten und es wurde Ihnen unwillig geholfen. Oder Sie mussten mehrmals
und heftig um etwas bitten, bis jemand sich Ihnen zuwandte. Und umgekehrt, dass Sie jemand eine Bitte erfüllt haben um des lieben Friedens willen, auch wenn Sie selbst davon nicht überzeugt oder erfreut waren.

Jesus gebraucht unsere menschlichen Erfahrungen mit dem Bitten dafür,
um das Bitten bei Gott zu verdeutlichen. Weil wir Gottes geliebte Kinder
sind, können wir Gott unsere Bitten bringen, wie ein Kind zu seinem Vater
oder seiner Mutter läuft. Wie beim Vaterunser geht es Jesus um das Zentra-
le in unserer Beziehung zu Gott. Jesus benennt eine große Bitte und eine
große Gabe:

> Wenn nun wir, die wir böse sind, unseren Kindern gute Gaben geben kön-
> nen, wie viel mehr wird der Vater im Himmel den heiligen Geist geben de-
> nen, die ihn bitten!

Jesus möchte, dass wir Gott um diese Gabe bitten: die Gegenwart des Heiligen Geistes. So werden wir im Innersten mit Gott verbunden. So bekommen wir Anteil an der Gegenwart des Reiches Gottes schon jetzt in dieser
Welt, werden wir Gottes Mitarbeiter in dieser Welt, werden Gottes Anliegen zu unseren eigenen Anliegen, wollen wir auf Dauer nicht mehr unseren
Willen verwirklichen, sondern Gottes Willen tun.

Wir kommen von Ostern her und gehen auf Pfingsten zu. Wir sind befreit
von den Mächten der Angst und des Todes. Jesus ruft uns mit der Gabe des
Heiligen Geistes noch tiefer in seine Nähe. Zugleich schickt er uns zu den
Menschen, um diese Erde mit ihm nach Gottes Willen zu gestalten: in
Frieden und Freundschaft, mit Liebe und Geduld, mit Schönheit und Freu-
de, mit Gerechtigkeit und Wahrheit.

Gott ist ein großzügiger Geber, der unsere Bitten gerne erhört. Jesus sagt:

> Bittet, so wird euch gegeben; suchet, so werdet ihr finden; klopfet an, so
> wird euch aufgetan. Denn wer da bittet, der empfängt; und wer da sucht,
> der findet; und wer da anklopft, dem wird aufgetan.

Amen.

LITURGISCHE BAUSTEINE

Kommt herzu, lasst uns dem Herrn frohlocken
und jauchzen dem Hort unsres Heils!
Lasst uns mit Danken vor sein Angesicht kommen
und mit Psalmen ihm jauchzen!
Denn der Herr ist ein großer Gott
und ein großer König über alle Götter.
Denn in seiner Hand sind die Tiefen der Erde,
und die Höhen der Berge sind auch sein.
Denn sein ist das Meer, und er hat's gemacht,
und seine Hände haben das Trockene bereitet.
Kommt, lasst uns anbeten und knien
und niederfallen vor dem Herrn, der uns gemacht hat.
Denn er ist unser Gott,
und wir das Volk seiner Weide und Schafe seiner Hand.

PS. 95,1–7A

O Heilger Geist, kehr bei uns ein und lass uns deine Wohnung sein,
o komm, du Herzenssonne.
Du Himmelslicht, lass deinen Schein bei uns und in uns kräftig sein
zu steter Freud und Wonne.
Sonne, Wonne, himmlisch Leben willst du geben, wenn wir beten;
zu dir kommen wir getreten.

Du Quell, draus alle Weisheit fließt, die sich in fromme Seelen gießt:
lass deinen Trost uns hören,
dass wir in Glaubenseinigkeit auch können alle Christenheit
dein wahres Zeugnis lehren.
Höre, lehre, dass wir können Herz und Sinnen dir ergeben,
dir zum Lob und uns zum Leben.

Steh uns stets bei mit deinem Rat und führ uns selbst auf rechtem Pfad,
die wir den Weg nicht wissen.
Gib uns Beständigkeit, dass wir getreu dir bleiben für und für,
auch wenn wir leiden müssen.
Schaue, baue, was zerrissen und beflissen, dich zu schauen
und auf deinen Trost zu bauen. MICHAEL SCHIRMER 1640 (EG 130, 1–3)

WEITERE LIEDVORSCHLÄGE:

EG 166   TUT MIR AUF DIE SCHÖNE PFORTE

EG 344   VATER UNSER IM HIMMELREICH

EG 372   WAS GOTT TUT, DAS IST WOHLGETAN

EG 400   ICH WILL DICH LIEBEN, MEINE STÄRKE

Ausgegossen

Gottesdienst zu Johannes 16,5–15
Pfingsten

Jesus spricht: Jetzt aber gehe ich hin zu dem, der mich gesandt hat; und niemand von euch fragt mich: Wo gehst du hin? Doch weil ich das zu euch geredet habe, ist euer Herz voll Trauer. Aber ich sage euch die Wahrheit: Es ist gut für euch, dass ich weggehe. Denn wenn ich nicht weggehe, kommt der Tröster nicht zu euch. Wenn ich aber gehe, will ich ihn zu euch senden.

Und wenn er kommt, wird er der Welt die Augen auftun über die Sünde und über die Gerechtigkeit und über das Gericht; über die Sünde: dass sie nicht an mich glauben; über die Gerechtigkeit: dass ich zum Vater gehe und ihr mich hinfort nicht seht; über das Gericht: dass der Fürst dieser Welt gerichtet ist.

Ich habe euch noch viel zu sagen; aber ihr könnt es jetzt nicht ertragen. Wenn aber jener, der Geist der Wahrheit, kommen wird, wird er euch in alle Wahrheit leiten. Denn er wird nicht aus sich selber reden; sondern was er hören wird, das wird er reden, und was zukünftig ist, wird er euch verkündigen. Er wird mich verherrlichen; denn von dem Meinen wird er's nehmen und euch verkündigen. Alles, was der Vater hat, das ist mein. Darum habe ich gesagt: Er wird's von dem Meinen nehmen und euch verkündigen.

JOH. 16,5–15

Liebe Gemeinde,

heute ist Pfingsten. Wir feiern die Ausgießung des Heiligen Geistes. Damals kam der Heilige Geist auf die noch kleine, versammelte Schar von Christen herab. Die Umstehenden bemerkten mit Staunen, was diesen

Menschen widerfuhr, wie sie in vielen verschiedenen Sprachen von Gottes großen Taten erzählten. Viele wurden in der Tiefe von Gott berührt und ließen sich nach der ergreifenden Predigt des Petrus taufen. So ist das Pfingstfest zum Geburtstag der Kirche geworden.

Jedes Jahr erinnern wir uns zu Pfingsten an das Kommen des Heiligen Geistes. Jeden Sonntag bekennen wir im Glaubensbekenntnis unseren Glauben an den Heiligen Geist als der dritten Person der Heiligen Dreifaltigkeit. Wir glauben Gott als Vater, Sohn und Heiligen Geist.

In den sogenannten Abschiedsreden vor seinem Tod (Joh. 13–17) erklärt Jesus seinen Jüngern, dass er zum Vater zurückkehrt. An Stelle der leiblichen Gegenwart Jesu wird der Heilige Geist kommen. Im Heiligen Geist wird Gott überall auf der Welt gegenwärtig sein.

Doch woran kann man ihn erkennen? Woran kann man ihn von anderen Geistern unterscheiden? Wie wirkt der Heilige Geist?

In unserem Predigttext werden fünf Kennzeichen genannt.

> Und wenn der Tröster kommt, wird er der Welt die Augen auftun über die Sünde und über die Gerechtigkeit und über das Gericht.

Das Kommen des Heiligen Geistes bewirkt Erkenntnis. Menschen werden von ihm angerührt und entdecken, dass es Gott gibt. Dass es vor, hinter, unter, über und in uns eine Realität gibt, die sie übersehen haben. Auf die sie nicht geachtet haben, mit der sie nur wenig vertraut sind und in der sie sich überraschenderweise wohl fühlen. Jesus nennt dieses Wegsehen Sünde.
Die Sünde, dass sie nicht an mich glauben. Der Heilige Geist bewirkt, dass wir an Christus glauben, dass er unser Heil ist im Leben und im Sterben.

Zweitens öffnet uns der Heilige Geist die Augen über *die Gerechtigkeit: dass Jesus zum Vater geht und die Jünger ihn hinfort nicht sehen.* Indem Jesus mit seiner Himmelfahrt den Ehrenplatz zur Rechten Gottes einnimmt, erhält er die Würde, die ihm als Sohn Gottes zusteht. Mit der Erhöhung Jesu bekennt sich Gott zu dem Menschen Jesus von Nazareth als seinem Sohn. Die Niederlage Jesu am Kreuz wird zum Triumph gewandelt.

Die Ordnung Gottes ist wieder hergestellt. Zugleich ist er als Mensch nicht
mehr wahrnehmbar. Der Mensch Jesus entzieht sich uns, um als der Tröster, als die Nähe Gottes im Heiligen Geist uns ganz nah zu sein – in unserem Herzen, in unserem Geist, ja sogar in unserem Körper. Paulus sagt:

Wisst ihr nicht, dass euer Leib ein Tempel des Heiligen Geistes ist, der in
euch ist und den ihr von Gott habt?

1. KOR. 6,19

Drittens klärt uns der Heilige Geist auf *über das Gericht: dass der Fürst
dieser Welt gerichtet ist.* Das Gericht über das Böse ist schon beschlossen
und besiegelt. Wenn es auch noch wütet und zerstört, so ist ihm doch von
Gott eine Grenze gesetzt. Auch Krankheit und Kummer, Not und Tod sind
von Gott eine Grenze gesetzt, die sie nicht überschreiten können. Am Ende
wird Gott sich durchsetzen und das Böse der Verlierer sein.

Viertens: Der Tröster ist ein Geist der Wahrheit, der uns in die Wahrheit
führt. Sie wissen, dass es manchmal weh tut, die Wahrheit zu erfahren.
Doch nach einiger Zeit merken wir, wie die Wahrheit uns frei macht. Wir
werden frei von Illusionen und Täuschungen, von falschen Versprechun-
gen und Lügen, von Manipulation und Aufblähung.
Wahrheit und Freiheit bedingen einander, gehören zusammen. Das wissen
wir aus dem politischen Bereich: In Diktaturen werden die Menschen sys-
tematisch belogen, um sie klein und gefügig zu halten. Sie werden unter-
drückt und bedroht, damit sie die Wahrheit nicht erfahren und sich weiter
von den Diktatoren beherrschen und ausbeuten lassen. Doch die Menschen
sehnen sich nach Wahrheit und Freiheit, wie es die Freiheitsbewegungen
einiger Völker auch in unserer Zeit verdeutlichen.
Sie kennen das auch aus dem persönlichen Bereich. Wo man die Augen
vor den Schwächen und Stärken des anderen verschließt, wo man dem anderen keinen Raum zur Entfaltung lässt, kann ein Zusammenleben nicht
erfreulich, nicht gedeihlich sein. Das Leben braucht Wahrheit und Freiheit
wie die Luft zum Atmen.

Fünftens: Alles Wirken des Heiligen Geistes dient dazu, Jesus zu verherrlichen. Wo Gott geehrt wird, wo das erste Gebot eingehalten wird, da ist
für die Menschen Raum zum leben, da wird ihre Würde respektiert, da ist

ihre Originalität erwünscht, da werden Menschen glücklich. Der Heilige
Geist führt uns in die Wahrheit, damit viele Menschen Gott für seine Taten
loben, damit wir aufrecht und frei durchs Leben gehen, auch wenn es
schwer ist.

Pfingsten aktualisiert unsere Taufe. Wir sind ein Gefäß, in das Gott seinen
Heiligen Geist ausgießt: *Die Liebe Gottes ist ausgegossen in unsre Herzen
durch den Heiligen Geist, der uns gegeben ist (Röm. 5,5).* Wir sind in den
Tod und die Auferstehung Jesu getauft, um im Heiligen Geist am Leben
Gottes teil zu haben. Wir sind die reichsten Menschen, die es gibt.
Mögen wir darum Gott mit unserem Leben preisen.

Amen.

LITURGISCHE BAUSTEINE

Dies ist der Tag, den der Herr macht;
lasst uns freuen und fröhlich an ihm sein.
O Herr, hilf! O Herr, lass wohlgelingen!
Gelobt sei, der da kommt im Namen des Herrn!
Wir segnen euch, die ihr vom Hause des Herrn seid.
Der Herr ist Gott, der uns erleuchtet.
Schmückt das Fest mit Maien bis an die Hörner des Altars!
Du bist mein Gott, und ich danke dir;
mein Gott, ich will dich preisen.
Danket dem Herrn; denn er ist freundlich,
und seine Güte währet ewiglich.

PS. 118,24–29

O Heiliger Geist, o heiliger Gott,
du Tröster wert in aller Not,
du bist gesandt vons Himmels Thron
von Gott dem Vater und dem Sohn.
O Heiliger Geist, o heiliger Gott!

O Heiliger Geist, o heiliger Gott,
gib uns die Lieb zu deinem Wort;
zünd an in uns der Liebe Flamm,
danach zu lieben allesamt.
O Heiliger Geist, o heiliger Gott!

O Heiliger Geist, o heiliger Gott,
mehr' unsern Glauben immerfort;
an Christus niemand glauben kann,
es sei denn durch dein Hilf getan.
O Heiliger Geist, o heiliger Gott!

JOHANNES NIEDLING (?) 1651 (EG 131, 1–3)

WEITERE LIEDVORSCHLÄGE:

EG 124   NUN BITTEN WIR DEN HEILIGEN GEIST

EG 130   O HEILGER GEIST, KEHR BEI UNS EIN

EG 134   KOMM, O KOMM, DU GEIST DES LEBENS

EG 136   O KOMM, DU GEIST DER WAHRHEIT

Zuerst

Gottesdienst zu 1. Johannes 4,16b–21
1. Sonntag nach Trinitatis

Gott ist die Liebe; und wer in der Liebe bleibt, der bleibt in Gott und Gott in ihm. Darin ist die Liebe bei uns vollkommen, dass wir Zuversicht haben am Tag des Gerichts; denn wie er ist, so sind auch wir in dieser Welt. Furcht ist nicht in der Liebe, sondern die vollkommene Liebe treibt die Furcht aus; denn die Furcht rechnet mit Strafe. Wer sich aber fürchtet, der ist nicht vollkommen in der Liebe.

Lasst uns lieben, denn er hat uns zuerst geliebt. Wenn jemand spricht: Ich liebe Gott, und hasst seinen Bruder, der ist ein Lügner. Denn wer seinen Bruder nicht liebt, den er sieht, wie kann er Gott lieben, den er nicht sieht? Und dies Gebot haben wir von ihm, dass, wer Gott liebt, dass der auch seinen Bruder liebe.

1. JOH. 4,16b–21

Liebe Gemeinde,

der heutige Predigttext beginnt mit einem Satz, der häufig zitiert wird: *Gott ist die Liebe.*
Oft wird aus dem Satz eine Chiffre gemacht, die abgeschmackt und fade klingt. Zu schnell, zu unüberlegt, zu blutleer wird diese Formel ausgesprochen, sodass einige Menschen mit dem Begriff der Liebe Gottes gar nichts mehr anzufangen wissen. Über dem unrechten Gebrauch dieses Satzes ist sein Inhalt dann verloren gegangen.

Manchmal wird der Satz dazu benutzt, unter dem Deckwort „Liebe" das eigene selbstsüchtige Verhalten zu verstecken und es durch die Gleichsetzung mit Gott zu legitimieren, ja sogar unanfechtbar zu machen. Da wird das Geheimnis Gottes verzweckt, für die eigenen Ziele umfunktioniert. Erotik wird als ein Teil der Liebe verabsolutiert und zum Götzen erhoben. Nach außen hört es sich fromm und redlich an, von innen her verachtet es Gott und Mitmensch.

Wir kennen das aus der Geschichte, aus der gegenwärtigen Politik, aus der Wirtschaft und aus dem eigenen Leben, wie wir manchmal den lieben Gott vor unseren Karren spannen wollen, statt dass wir uns hinter seinen Karren einspannen lassen, um uns nach dem Kommen des Reiches Gottes auszustrecken. Wie schnell, wie unmerklich drehen wir das Gotteswort herum, damit es uns in den Kram passt.

Wie beschreibt und qualifiziert der Johannesbrief die Liebe, die Agape?

Gott ist die Liebe; und wer in der Liebe bleibt, der bleibt in Gott und Gott in ihm.

Es geht beim Lieben um die Beziehung zu Gott. Die Liebe ist zugleich Inhalt, Verbindung und Ziel der Beziehung zwischen uns Menschen und Gott. Darin ist eine Anschauung vom Menschen enthalten, die das Menschsein als dialogische Beziehung versteht. Der Mensch ist ein Mensch, indem er in harmonischer Beziehung lebt zu Gott, zu seinen Mitmenschen, zur Schöpfung und zu sich selbst. Die Klangfarbe der Harmonie ist die Liebe.

Darin ist die Liebe bei uns vollkommen, dass wir Zuversicht haben am Tag des Gerichts; denn wie er ist, so sind auch wir in dieser Welt.

Wir Christen sind in der Welt Not und Kummer, Krankheit und Trauer, Ungerechtigkeit und Tod ausgesetzt. Darin sind wir Christus gleich. Aber wir sind ihm auch darin gleich, dass wir aus der Verbindung zu Gott leben und damit unsere Situation, unser Erleben und Erleiden transzendieren können. Dass wir das Geschehen im Horizont des Reiches Gottes betrachten, dass wir den großen Bogen anschauen und uns nicht von einem einzelnen Mosaikstein irritieren lassen. Denken Sie nur an Karfreitag, die große Katastrophe, die große Niederlage für Jesus, das Ende ihrer Hoffnungen für die Jünger. Doch der Karfreitag war nötig, damit es Ostern werden konnte. Die Nacht wurde in das herrlichste Morgenlicht, in die strahlende Sonne verwandelt.

Dass wir Zuversicht haben am Tag des Gerichts – welches Gericht wir auch vor Augen haben, das Gericht, das Menschen über Menschen halten, oder das Gericht, in das wir von Gott gestellt werden, für die Liebenden bekommt beides eine andere Perspektive, denn:

> Furcht ist nicht in der Liebe, sondern die vollkommene Liebe treibt die Furcht aus; denn die Furcht rechnet mit Strafe. Wer sich aber fürchtet, der ist nicht vollkommen in der Liebe.

Wer in liebender Beziehung zu Gott steht, fürchtet kein Gericht, denn er weiß, wie gütig und barmherzig Gott ist. Und wer im Gericht der Menschen Ungerechtigkeit erleiden muss, überwindet durch die Liebe die Gewalt.

Ich denke an das tapfere Zeugnis der Geschwister Scholl, die mit der Kraft des Wortes und der Liebe gegen die Nazigewaltherrschaft Widerstand geleistet haben und dafür hingerichtet wurden. Sie liebten die Wahrheit, sie liebten die Freiheit, sie liebten Gott und so fürchteten sie sich nicht vor der Todesstrafe. Sie verloren ihr Leben, doch durch ihr Beispiel wurden damals viele andere ermutigt, gegen das Unrecht anzukämpfen. Bis heute berührt ihr Leben und ihr Märtyrertod junge und alte Menschen.

> Lasst uns lieben, denn er hat uns zuerst geliebt. Wenn jemand spricht: Ich liebe Gott, und hasst seinen Bruder, der ist ein Lügner. Denn wer seinen Bruder nicht liebt, den er sieht, wie kann er Gott lieben, den er nicht sieht? Und dies Gebot haben wir von ihm, dass, wer Gott liebt, dass der auch seinen Bruder liebe.

Das ist also die Konsequenz aus der Beziehung zu Gott. Bevor wir irgendetwas zu dieser Welt beitragen, sind wir schon geliebt. Gottes großes JA steht vor allem Anfang schon über meinem Leben. Darum kann ich furchtlos und frei, mit Achtung und Respekt, wahrhaftig und zugewandt meinem Bruder begegnen. Denn er ist genauso von Gott geliebt und gewollt wie ich. Im Bruder, in der Schwester – damit sind zunächst die Getauften, die Christen gemeint – begegnet mir die Handschrift Gottes. Im weiteren Sinne ist jeder Mensch auf dieser Erde mein Bruder oder meine Schwester. Wir sind geschaffen aus der einen Hand Gottes. Die Liebe zum Schöpfer vollzieht sich in der Liebe zum Geschöpf. So einfach, so irdisch, so nüchtern versteht es der Schreiber des Johannesbriefes.

Die Aufforderung *Lasst uns lieben, denn er hat uns zuerst geliebt,* wird so zur Bewährungsprobe, wie ernst wir es mit Gott meinen. Gott lieben und den Nächsten lieben gehören zusammen. Man kann das eine nicht ohne das andere haben. Jesus ergänzt noch die Liebe zu sich selbst:

Er sagt: Das höchste Gebot ist das: „Höre, Israel, der Herr, unser Gott, ist der Herr allein, und du sollst den Herrn, deinen Gott, lieben von ganzem Herzen, von ganzer Seele, von ganzem Gemüt und von allen deinen Kräften" (Dtn. 6,4–5).

Das andre ist dies: „Du sollst deinen Nächsten lieben wie dich selbst" (Lev. 19,18). Es ist kein anderes Gebot größer als diese.

MK. 12,29–31

Amen.

LITURGISCHE BAUSTEINE

Herr, du bist nahe, und alle deine Gebote sind Wahrheit.
Längst weiß ich aus deinen Mahnungen,
dass du sie für ewig gegründet hast.
Sieh doch mein Elend und errette mich;
denn ich vergesse dein Gesetz nicht.
Führe meine Sache und erlöse mich;
erquicke mich durch dein Wort.
Herr, mich verlangt nach deinem Heil,
und an deinem Gesetz habe ich Freude.
Lass meine Seele leben, dass sie dich lobe,
und dein Recht mir helfen.

Ps. 119,151–154.174–175

Liebe ist nicht nur ein Wort,
Liebe, das sind Worte und Taten.
Als Zeichen der Liebe ist Jesus geboren,
als Zeichen der Liebe für diese Welt.

Freiheit ist nicht nur ein Wort,
Freiheit, das sind Worte und Taten.
Als Zeichen der Freiheit ist Jesus gestorben,
als Zeichen der Freiheit für diese Welt.

Hoffnung ist nicht nur ein Wort,
Hoffnung, das sind Worte und Taten.
Als Zeichen der Hoffnung ist Jesus lebendig,
als Zeichen der Hoffnung für diese Welt.

TEXT: ECKART BÜCKEN 1973 (EG RWL 665), © STRUBE VERLAG MÜNCHEN-BERLIN

WEITERE LIEDVORSCHLÄGE:

EG 213   KOMMT HER, IHR SEID GELADEN

EG 401   LIEBE, DIE DU MICH ZUM BILDE

EG 403   SCHÖNSTER HERR JESU

EG 408   MEINEM GOTT GEHÖRT DIE WELT

Gefunden

Gottesdienst zu Lukas 15,1–7
3. Sonntag nach Trinitatis

Es nahten sich Jesus aber allerlei Zöllner und Sünder, um ihn zu hören. Und die Pharisäer und Schriftgelehrten murrten und sprachen: Dieser nimmt die Sünder an und isst mit ihnen.

Er sagte aber zu ihnen dies Gleichnis und sprach: Welcher Mensch ist unter euch, der hundert Schafe hat und, wenn er *eins* von ihnen verliert, nicht die neunundneunzig in der Wüste lässt und geht dem verlorenen nach, bis er's findet? Und wenn er's gefunden hat, so legt er sich's auf die Schultern voller Freude. Und wenn er heimkommt, ruft er seine Freunde und Nachbarn und spricht zu ihnen: Freut euch mit mir; denn ich habe mein Schaf gefunden, das verloren war.

Ich sage euch: So wird auch Freude im Himmel sein über *einen* Sünder, der Buße tut, mehr als über neunundneunzig Gerechte, die der Buße nicht bedürfen.

Lk. 15,1–7

Liebe Gemeinde,

„den kannste abschreiben, das gibt ja sowieso nichts mehr, der begibt sich in schlechte Gesellschaft, mit solchen Leuten würde ich mich ja nicht abgeben".
Sie kennen alle solche Sätze, haben Sie schon gehört oder selber gedacht. Wenn wir keine Hoffnung mehr haben für einen Menschen, der auf die schiefe Bahn geraten ist; wenn jemand kriminell oder drogensüchtig geworden ist, wenn jemand seine Familie verlässt und wir es nicht verstehen, dann spüren wir die Distanz, wir spüren die Enttäuschung darüber, dass

sich jemand abgewandt hat, dass wir ihn nicht mehr erreichen. Oft liegen unter der Ablehnung Angst, Verletzung und Unverständnis für die Situation des anderen.

Unser Predigttext erzählt von einem Gleichnis, das Jesus den Menschen erzählte. Um ihn herum standen Zöllner und Sünder. Die Zöllner waren Juden, die mit der römischen Besatzungsmacht zusammenarbeiteten. An den Stadttoren erhoben sie die Zölle für die Waren und verdienten gut dabei. Beim Volk waren sie verhasst. Man verachtete sie für ihre Nähe zu den Römern und für das Geld, das sie dadurch anhäuften.

In der Menschengruppe um Jesus standen auch Sünder. Männer und Frauen, die sich nicht an die Gebote der Juden hielten, die ein moralisch verwerfliches Verhalten zeigten und darum von den frommen Juden gemieden wurden.

Zöllner und Sünder suchen Jesu Nähe, um ihm zuzuhören. Sie spüren, hier ist ein Wort für uns zu finden. Hier spricht einer zu uns, hier schaut uns einer an. Vorurteile und Verachtung kannten sie zur Genüge von ihren Nachbarn, von den Frommen, von den Oberen. Doch hier sprach einer aus einer inneren Freiheit heraus; der brauchte keine Schubladen, um die Menschen darin einzusortieren. Er schaute den Menschen in die Augen, wenn er zu ihnen sprach.

Dann standen auch noch Pharisäer und Schriftgelehrte um Jesus herum. Sie repräsentieren die frommen Juden, gelehrt in den Heiligen Schriften, gesetzestreu und eifrig im Dienst für Gott. Ihnen war es ein Dorn im Auge, dass sich Jesus den Zöllnern und Sündern zuwandte. Damit brach er nach jüdischem Verständnis das Gesetz.

Diesen beiden so gegensätzlichen Gruppen erzählt Jesus das Gleichnis vom verlorenen Schaf.

Wie so oft gebraucht Jesus ein Bild aus der Arbeitswelt. Ein Hirte ist mit seiner Herde unterwegs. Da merkt der Hirte, dass ein Schaf fehlt. Er lässt die 99 Schafe beieinander und begibt sich auf die Suche nach dem einen fehlenden Schaf. Er weiß, allein ist das Schaf in Gefahr. Geduldig sucht er das Schaf und findet es. Erleichtert und voller Freude trägt er es zurück zur Herde. Er ruft seine Freunde und Nachbarn zusammen, um seine Freude zu teilen.

Verlieren, suchen, finden, freuen. Ein Verlust wird zum Fest über das Wiedergefundene verwandelt. Das vereinzelte, verlorene Schaf kommt in die Gemeinschaft der Herde zurück.

Ob sich die Menschen um Jesus in dem Gleichnis wiedererkannt haben? Mag sein, dass die Zöllner und Sünder mit großen Ohren gehört haben, dass Gott auf *jedes* seiner Schafe Acht gibt. Dass er sich die Mühe macht, dem verirrten Schaf hinterher zu gehen, es zu suchen, lange und geduldig, bis er es gefunden hat. Dass Gott sich freut, wenn das Schaf sich wieder zur Herde tragen lässt. Wie er es allen erzählt, es ist schön, dass das Verlorene gefunden wurde und wieder dazugehört.

Jesus behauptet damit eine neue, tiefere Gemeinschaft als die gesellschaftliche Anerkennung. Die Zöllner und Sünder gehören zu Gott. Das macht sie zu Menschen. Auf Gottes Armen getragen zu werden, heilt ihre Wunden. Die Wunden aus Ablehnung und Verachtung, die Verlorenheit durch Einsamkeit und Enttäuschung, die Wunden aus erfahrenem und begangenem Unrecht.

Der Hirte, Gott, begegnet ihnen aufmerksam und sanft. Keine Verurteilung, keine Strafandrohung, keine Vorhaltungen, sondern er freut sich, sie gefunden zu haben.

Ich vermute, die Zöllner und Sünder, die gesellschaftlich am Rande standen, spürten ihre Sehnsucht, so gefunden zu werden, so nach Hause zu kommen, so angenommen zu werden, so in die Arme genommen zu werden. Sie spürten, wie ihr Heilwerden in der Nähe Jesu begann.

Und die Pharisäer und Schriftgelehrten?
Was haben sie für sich aus dem Gleichnis gehört? Ich hoffe, sie haben erkannt, dass sie zu den 99 Schafen gehören, die in der Nähe des Hirten geblieben sind, ganz nah bei Gott.

Ich hoffe, sie haben gemerkt, dass der Hirte ihnen zutraut, so lange alleine zurecht zu kommen, bis er zurückkehrt. Im Gleichnis schaffen sie es ja auch.

Ich hoffe, sie haben sich mit gefreut über das wiedergefundene Schaf und gönnen ihm ebenfalls die Nähe zum Hirten, zu Gott.

Ich hoffe, sie haben gehört, dass sie zu den Gerechten gehören, die der Buße, der Umkehr nicht bedürfen. Einen höheren Ehrentitel gibt es im jüdischen Glauben nicht, als zu den Gerechten zu gehören.

All das spricht Jesus den Frommen in seiner Zuhörerschaft zu. Er lädt sie ein, nicht zu polarisieren, nicht zu neiden, nicht auszuschließen, sondern auch den Armen, den Verstoßenen, den Kranken, den Übeltätern, den Verachteten das Heil zu gönnen. Gerade denen, die so sehr der Heilung bedürfen, die Nähe Gottes nicht zu verwehren.

Und wir? Haben wir uns in dem Gleichnis finden können? Vielleicht sind wir manchmal das verlorene Schaf, ein andermal werden wir gefunden und andere sind voller Freude darüber. Manchmal werden wir ein mitfeiernder Nachbar sein und manchmal uns wie eins der 99 allein gelassenen Schafe fühlen. Vielleicht sind wir manchmal auch für andere wie der Hirte, der dem Verlorenen nachgeht, der nicht aufgibt und einen Menschen zurück ins Leben trägt.

Wo wir uns gerade auch befinden auf unserem Lebensweg, Gott, der Herr, weiß um uns und gewährt uns seine Nähe, er sucht und findet uns, damit wir heil werden ganz und gar, innen und außen.

Amen.

LITURGISCHE BAUSTEINE

Lobe den Herrn, meine Seele,
und was in mir ist, seinen heiligen Namen!
Lobe den Herrn, meine Seele,
und vergiss nicht, was er dir Gutes getan hat:
der dir alle deine Sünde vergibt
und heilet alle deine Gebrechen,
der dein Leben vom Verderben erlöst,
der dich krönet mit Gnade und Barmherzigkeit,
der deinen Mund fröhlich macht,
und du wieder jung wirst wie ein Adler.
Der Herr schafft Gerechtigkeit und Recht
allen, die Unrecht leiden.
Er hat seine Wege Mose wissen lassen,
die Kinder Israel sein Tun.
Barmherzig und gnädig ist der Herr,
geduldig und von großer Güte.
Er wird nicht für immer hadern
noch ewig zornig bleiben.
Er handelt nicht mit uns nach unsern Sünden
und vergilt uns nicht nach unsrer Missetat.
Denn so hoch der Himmel über der Erde ist,
lässt er seine Gnade walten über denen, die ihn fürchten.
So fern der Morgen ist vom Abend,
lässt er unsre Übertretungen von uns sein.
Wie sich ein Vater über Kinder erbarmt,
so erbarmt sich der Herr über die, die ihn fürchten.

Ps. 103,1–13 (EG RWL 745.1–3 I.A.)

Nun danket all und bringet Ehr,
ihr Menschen in der Welt,
dem, dessen Lob der Engel Heer
im Himmel stets vermeld't.

Ermuntert euch und singt mit Schall
Gott, unserm höchsten Gut,
der seine Wunder überall
und große Dinge tut;

der uns von Mutterleibe an
frisch und gesund erhält
und, wo kein Mensch nicht helfen kann,
sich selbst zum Helfer stellt;

der, ob wir ihn gleich hoch betrübt,
doch bleibet guten Muts,
die Straf erlässt, die Schuld vergibt
und tut uns alles Guts.

Er gebe uns ein fröhlich Herz,
erfrische Geist und Sinn
und werf all Angst, Furcht, Sorg und Schmerz
ins Meeres Tiefe hin.

PAUL GERHARDT 1647 (EG 322, 1–5)

WEITERE LIEDVORSCHLÄGE:

EG 155   HERR JESU CHRIST, DICH ZU UNS WEND

EG 317   LOBE DEN HERREN, DEN MÄCHTIGEN KÖNIG DER EHREN

EG 357   ICH WEISS, WORAN ICH GLAUBE

EG 368   IN ALLEN MEINEN TATEN

Ohne Netz

Gottesdienst zu Lukas 5,1–11
5. Sonntag nach Trinitatis

Es begab sich aber, als sich die Menge zu Jesus drängte, um das Wort Gottes zu hören, da stand er am See Genezareth und sah zwei Boote am Ufer liegen; die Fischer aber waren ausgestiegen und wuschen ihre Netze. Da stieg er in eins der Boote, das Simon gehörte, und bat ihn, ein wenig vom Land wegzufahren. Und er setzte sich und lehrte die Menge vom Boot aus.

Und als er aufgehört hatte zu reden, sprach er zu Simon: Fahre hinaus, wo es tief ist, und werft eure Netze zum Fang aus!

Und Simon antwortete und sprach: Meister, wir haben die ganze Nacht gearbeitet und nichts gefangen; aber auf dein Wort will ich die Netze auswerfen. Und als sie das taten, fingen sie eine große Menge Fische, und ihre Netze begannen zu reißen. Und sie winkten ihren Gefährten, die im andern Boot waren, sie sollten kommen und mit ihnen ziehen. Und sie kamen und füllten beide Boote voll, sodass sie fast sanken.

Als das Simon Petrus sah, fiel er Jesus zu Füßen und sprach: Herr, geh weg von mir! Ich bin ein sündiger Mensch. Denn ein Schrecken hatte ihn erfasst und alle, die bei ihm waren, über diesen Fang, den sie miteinander getan hatten, ebenso auch Jakobus und Johannes, die Söhne des Zebedäus, Simons Gefährten.

Und Jesus sprach zu Simon: Fürchte dich nicht! Von nun an wirst du Menschen fangen. Und sie brachten die Boote ans Land und verließen alles und folgten ihm nach.

LK. 5,1–11

Liebe Gemeinde,

der Predigttext für den heutigen Sonntag führt uns an den See Genezareth im Norden Israels. Auf seiner Wanderung durch Galiläa predigt Jesus den Menschen das Kommen des Reiches Gottes und heilt viele Kranke. Wie ein Lauffeuer verbreitet sich die Kunde, dass Jesus kommt. Wieder einmal drängen sich die Menschen um Jesus, um ihn zu sehen und zu hören. Jesus steht am Ufer des Sees. Die Fischer waschen nach erfolgloser Ausfahrt ihre Netze am Ufer. Die Boote liegen am Strand. Jesus bittet den Fischer Simon Petrus, ihn ein wenig im Boot auf den See zu fahren, damit das Volk ihn besser sehen und hören kann. Jesus predigt und das Fischerboot wird zur Kanzel. Wie in einem Film ist die Kamera auf Jesus im Boot und das Volk am Strand gerichtet. Petrus ist nur im Hintergrund zu sehen.

Doch dann verändert sich die Kameraeinstellung. Jesus hat seine Rede beendet und wendet sich Petrus zu. Plötzlich sind nur noch die beiden Männer im Boot zu sehen. Alles andere ist ausgeblendet. Wie so oft in den Evangelien geschieht hier eine entscheidende Begegnung eines Menschen mit Jesus. Überraschend fordert Jesus den erfahrenen Fischer Simon Petrus auf, noch einmal herauszufahren und die Netze auszuwerfen. Der Wanderprediger mischt sich in die Berufswelt des Fischers ein. Petrus schwankt zwischen seiner langjährigen Erfahrung als Fischer, der Frustration der vergangenen Nacht und der Ausstrahlung Jesu. Jeder am See wusste, dass tagsüber keine Fische zu fangen waren. Darum antwortet Simon jenes oft zitierte Wort:

Meister, wir haben die ganze Nacht gearbeitet und nichts gefangen; aber auf dein Wort will ich die Netze auswerfen.

LK. 5,5

Auf dein Wort ... Petrus erinnerte sich, wie Jesus seine kranke Schwiegermutter geheilt hatte, wie er dem Fieber geboten hatte zu weichen, und das Fieber verschwand. *Auf dein Wort hin* ... Simon hatte die Autorität Jesu gespürt, er sprach nicht nur vom Kommen des Reiches Gottes, sondern es vollzog sich in ihm.

So fährt Simon heraus, wirft die Netze aus – und macht den Fang seines
Lebens. Die Netze fangen an zu reißen vor lauter Fülle, sie brauchen Hilfe
von den Kollegen und die Boote halten sich mit der schweren Last so gerade über Wasser.

Alle merken, hier ist etwas Unvorhergesehenes passiert. Ein Wunder. Nach
dieser Überraschung wendet sich die Geschichte in eine andere Richtung.
Statt sich zu freuen, statt Jesus zu danken für diesen beruflichen Erfolg, für
den materiellen Segen aus diesem Riesenfang, sehen wir einen erschütter-
ten Petrus. Erschrocken erkennt er die Diskrepanz zwischen seiner Berufs-
erfahrung und der Vollmacht Jesu. Hier spricht einer mit Würde und Autorität und es geschieht, was er sagt. Petrus spürt, wie weit der Abstand
zwischen diesem Meister und ihm ist, wie er dem Heiligen begegnet und
ihm nicht gerecht werden kann.
So fällt Petrus auf seine Knie und sagt zu Jesus: *Herr, geh weg von mir!*
Ich bin ein sündiger Mensch (Vers 8).

Noch einmal nimmt die Geschichte eine überraschende Wendung. Jesus
beruft Petrus in eine neue Aufgabe. Er verwandelt seinen alten Beruf in
einen neuen. *Fürchte dich nicht! Von nun an wirst du Menschen fangen*
(Vers 10). Jesus knüpft an das Alte an und gibt dem Leben des Petrus eine
neue Richtung. Petrus hört den Ruf und folgt Jesus nach.

So sehen wir als letzte Kameraeinstellung dieser Geschichte, wie die Fi-
scherboote wieder am Ufer liegen. In den Netzen glitzern und zappeln un-
zählige Fische. Der Rest der Menschenmenge steht staunend oder jubelnd
dabei. Am Bildrand verlässt eine kleine Gruppe die Szene am Strand. Petrus und seine beiden Gefährten, die Brüder Johannes und Jakobus, gehen
mit Jesus in ein neues, noch unbekanntes Leben.

Wo kommen wir in der Geschichte vor? Können wir uns in einer der betei-
ligten Personen entdecken?
Vielleicht spüren wir einen Hunger nach einem erlösenden, tröstenden
Wort. Nach dem Wort, das wir uns nicht selber sagen können, sondern das
wir von Gott erwarten, gesprochen mit Zuwendung und Vollmacht. Wie
die Volksmenge am Ufer.

Vielleicht werden wir auch gebeten, unser Alltägliches, Gewohntes Gott zur Verfügung zu stellen, damit es zur „Kanzel" werde. So wie Jesus das Fischerboot in den Dienst für das Reich Gottes nahm.
Es mag auch sein, dass wir von dem Wort Jesu herausgefordert werden, gegen unsere Erfahrung, gegen unsere Enttäuschungen, wider besseres Wissen, Gott zu vertrauen. Allein auf sein Wort hin, neu oder wieder das Glauben, Hoffen und Lieben zu wagen.

Vielleicht entdeckt sich einer in der Person des Petrus wieder, der Erfahrungen mit Gott gemacht hatte, wie sich etwas überreichlich erfüllte, über alles Verstehen hinaus, wie jemand eine schwere Krankheit überlebte, wie sich zerstrittene Menschen versöhnten, wie einem Zuwendung und Fürsorge geschenkt wurden.

Mag auch sein, dass Sie die Erschütterung kennen, die die Nähe des Heiligen auslöst, wenn man die eigene Unzulänglichkeit spürt, den Unterschied von heilig und profan.

Jesus deutet das Leben des Petrus um. Aus dem Fischer wird ein Menschenfischer. Seine Existenz wird in einen völlig neuen Zusammenhang gestellt, in dem andere Gesetze gelten, die Prioritäten des Reiches Gottes. Petrus und seine Gefährten finden in Jesus ihren Meister. Die zurückgelassenen Fische und Boote symbolisieren den neuen Weg. Nicht mehr zählen Besitz und Erfolg, nicht mehr binden Tradition und Herkunft an einen Ort und einen Lebensstil, sondern sie verlassen alles und folgen ihm nach. Ohne Netz und doppelten Boden. Sie spüren, Jesu Nähe überwiegt alles, was sie bisher kannten, hatten und ersehnten.

Amen.

LITURGISCHE BAUSTEINE

Dennoch bleibe ich stets an dir;
denn du hältst mich bei meiner rechten Hand,
du leitest mich nach deinem Rat
und nimmst mich am Ende mit Ehren an.
Wenn ich nur dich habe,
so frage ich nichts nach Himmel und Erde.
Wenn mir gleich Leib und Seele verschmachtet,
so bist du doch, Gott, allezeit meines Herzens Trost und mein Teil.
Aber das ist meine Freude, dass ich mich zu Gott halte
und meine Zuversicht setze auf Gott, den Herrn,
dass ich verkündige all dein Tun.

PS. 73,23–26.28 (EG RWL 734)

Vertraut den neuen Wegen, auf die der Herr uns weist,
weil Leben heißt: sich regen, weil Leben wandern heißt.
Seit leuchtend Gottes Bogen am hohen Himmel stand,
sind Menschen ausgezogen in das gelobte Land.

Vertraut den neuen Wegen und wandert in die Zeit!
Gott will, dass ihr ein Segen für seine Erde seid.
Der uns in frühen Zeiten das Leben eingehaucht,
der wird uns dahin leiten, wo er uns will und braucht.

Vertraut den neuen Wegen, auf die uns Gott gesandt!
Er selbst kommt uns entgegen. Die Zukunft ist sein Land.
Wer aufbricht, der kann hoffen in Zeit und Ewigkeit.
Die Tore stehen offen. Das Land ist hell und weit.

KLAUS PETER HERTZSCH 1989 (EG 395), © BEI DEMSELBEN

WEITERE LIEDVORSCHLÄGE:

EG 250 ICH LOBE DICH VON GANZER SEELEN

EG 256 EINER IST'S, AN DEM WIR HANGEN

EG 352 ALLES IST AN GOTTES SEGEN

EG 376 SO NIMM DENN MEINE HÄNDE

Himmelsbrot

Gottesdienst zu Johannes 6,30–35
7. Sonntag nach Trinitatis

Da sprachen sie zu Jesus: Was tust du für ein Zeichen, damit wir sehen und dir glauben? Was für ein Werk tust du? Unsre Väter haben in der Wüste das Manna gegessen, wie geschrieben steht (Psalm 78,24): „Er gab ihnen Brot vom Himmel zu essen."

Da sprach Jesus zu ihnen: Wahrlich, wahrlich, ich sage euch: Nicht Mose hat euch das Brot vom Himmel gegeben, sondern mein Vater gibt euch das wahre Brot vom Himmel. Denn Gottes Brot ist das, das vom Himmel kommt und gibt der Welt das Leben.

Da sprachen sie zu ihm: Herr, gib uns allezeit solches Brot.

Jesus aber sprach zu ihnen: Ich bin das Brot des Lebens. Wer zu mir kommt, den wird nicht hungern; und wer an mich glaubt, den wird nimmermehr dürsten.

Joh. 6,30–35

Liebe Gemeinde,

Was tust du für ein Zeichen, damit wir sehen und dir glauben? Glaubwürdigkeit ist gefragt. Früher wie heute sehnen sich Menschen danach, ihr Vertrauen jemandem zu geben, der sich auch dieses Vertrauens als würdig erweist. Jemand, der mein Vertrauen nicht für eigene Zwecke benutzt, der mich nicht ausspielt oder verrät, der auch entsprechende Erfahrung und Kompetenz mitbringt, um sich um mein Anliegen zu kümmern.

Wir sagen, jemand sei glaubwürdig, wenn seine Worte mit seinen Taten übereinstimmen, wenn jemand zuverlässig und treu ist, wenn jemand ganz und gar für eine Sache einsteht, selbst auf die Gefahr persönlicher Verluste hin.

Glaubwürdigkeit ist gefragt. Vertrauen ist nötig gegenüber dem Arzt, der uns behandelt, gegenüber der Schwester, die uns pflegt, gegenüber den Politikern, die das Land regieren, gegenüber der Bank, die unser Geld verwaltet, gegenüber dem Bäcker, der unser Brot bäckt, gegenüber den Menschen, die mit uns unter einem Dach leben. Überall ist unser Vertrauen gefragt in die Kompetenz und Aufrichtigkeit anderer Menschen.
Meistens haben wir Kriterien, nach denen wir auswählen: Auf die Empfehlung eines vertrauenswürdigen Menschen hin oder durch eigene Prüfung bringen wir jemand unser Vertrauen entgegen.

Früher wie heute gibt es eine Fülle von Menschen, die mit ihren Ideen und Angeboten um unser Vertrauen werben. Viele wollen damit Geld verdienen, versprechen viel und bieten wenig. Ein kritischer, wachsamer Geist ist nötig, um in dem Angebotsdschungel nicht die Orientierung zu verlieren.

Was tust du für ein Zeichen, damit wir sehen und dir glauben? So forderten die Menschen damals Jesus heraus. Jesus soll sich durch ein Zeichen, durch ein Wunder legitimieren, dass er vertrauenswürdig ist. Die Menschen wollen verstehen, wer Jesus ist. Einige von ihnen hatten kurz zuvor die Speisung der 5.000 miterlebt. Aus wenigen Broten und Fischen war durch die Hand Jesu eine große Menge satt geworden und es blieb noch Brot übrig. Dann war Jesus auf geheimnisvolle Weise über den See Genezareth gekommen – ohne Boot. Die Volksmenge erinnert sich an das Brotwunder aus dem Alten Testament, als das Volk Israel durch die Wüste zog und beinahe verhungerte. Da hatte Gott Manna vom Himmel gegeben, Nahrung für die Menschen, genug für jeweils einen Tag.
Jesus spitzt die Erinnerung an das alttestamentliche Wunder zu, indem er von dem Himmelsbrot spricht, *das der Welt das Leben gibt.* Begierig bitten ihn die Umstehenden: *Herr, gib uns allezeit solches Brot.*

Doch Jesu Antwort wird die Menschen überrascht haben. Das Himmelsbrot ist keine Wunderpille, die vor Krankheit und Unglück schützt. Das Brot aus dem Himmel ist auch kein Talisman, der Glück, Reichtum und Zufriedenheit garantiert. Man kann es nicht backen, nicht kaufen, nicht verkaufen. Man kann es nicht beißen und nicht kauen.

Überraschend sagt Jesus: *Ich bin das Brot des Lebens*. Das ist ja erst mal schwer zu fassen. Brot kennen wir. Und Menschen kennen wir. Jesus fasst unsere Erfahrung von Brot und Menschen zusammen. *Ich bin das Brot des Lebens*. Wie wir Brot als Grundnahrungsmittel zum Leben brauchen, so brauchen wir Jesus zum Leben, behauptet dieser Satz. Wie wir immer wieder, jeden Tag neu Brot essen, um unsere Lebenskraft zu erhalten, so ist Jesus unser Leben, sagt dieser Satz. *Ich bin das Brot des Lebens*.
Es geht nicht um ein Stück Brot aus Schrot und Korn, sondern um den Kontakt zu Jesus. Wer in Beziehung zu Jesus kommt, das ist wie von einem guten Stück Brot satt zu werden.

Wer zu mir kommt, den wird nicht hungern; und wer an mich glaubt, den wird nimmermehr dürsten.

Hier werden wir eingeladen, an einem Geheimnis Teil zu haben. In der Gemeinschaft mit Jesus, wie sie in der Taufe begründet ist, sind unsere existenziellen Lebensfragen geklärt. Wer bin ich? Woher komme ich? Wohin gehe ich? Wir sind geliebte Kinder unseres Vaters im Himmel, wir kommen aus seiner Hand und kehren am Ende in seine Hand zurück. Wir sind frei für das Leben und den Tod.

Wer zu mir kommt, den wird nicht hungern; und wer an mich glaubt, den wird nimmermehr dürsten.

Da wird uns verheißen, was wir Menschen einander oft nicht geben können, weil wir selber Bedürftige sind.

Ganz nah bei Jesus wird unser Hunger nach Anerkennung und Geborgenheit gestillt. Ganz nah bei Jesus wird unser Durst nach Gerechtigkeit und Frieden gestillt. Ganz nah zu Jesus können wir unsere Enttäuschung und Schmerzen bringen. Ganz nah bei Jesus wird die Angst vor dem Tod gezähmt.

Jesus gibt nicht etwas, sondern er gibt sich selbst. *Ich bin das Brot des Lebens*. Wir sind gewürdigt, in der Gemeinschaft mit Jesus Anteil am unvergänglichen Leben Gottes zu haben. So nah wie Brot uns wird, wenn es gekaut und verdaut ist, wird es Bestandteil unseres Organismus, so nah, so innig will Gott uns sein.

Wie das tägliche Brot brauchen wir die wiederholte Begegnung mit Gott.

Ich bin das Brot des Lebens. Wer zu mir kommt, den wird nicht hungern; und wer an mich glaubt, den wird nimmermehr dürsten.

Zu Jesus kommen, an ihn glauben braucht Übung, braucht Wiederholung und Regelmäßigkeit – wie die Mahlzeiten im Tageslauf.
Gleich feiern wir das heilige Abendmahl. Im Sakrament wird zeichenhaft deutlich, was wir glauben und wovon wir leben: der Leib Christi – das Brot des Lebens, das Blut Christi – der Kelch des Heils.

Amen.

LITURGISCHE BAUSTEINE

Danket dem Herrn; denn er ist freundlich,
und seine Güte währet ewiglich.
So sollen sagen, die erlöst sind durch den Herrn,
die er aus der Not erlöst hat,
die er aus den Ländern zusammengebracht hat
von Osten und Westen, von Norden und Süden.
Die irregingen in der Wüste, auf ungebahntem Wege,
und fanden keine Stadt, in der sie wohnen konnten,
die hungrig und durstig waren
und deren Seele verschmachtete,
die dann zum Herrn riefen in ihrer Not,
und er errettete sie aus ihren Ängsten
und führte sie den richtigen Weg,
dass sie kamen zur Stadt,
in der sie wohnen konnten:
Die sollen dem Herrn danken für seine Güte
und für seine Wunder, die er an den Menschenkindern tut,
dass er sättigt die durstige Seele
und die Hungrigen füllt mit Gutem.

Ps 107,1–9 (EG RWL 747.1–2)

Gott ist gegenwärtig. Lasset uns anbeten
und in Ehrfurcht vor ihn treten.
Gott ist in der Mitte. Alles in uns schweige
und sich innigst vor ihm beuge.
Wer ihn kennt, wer ihn nennt,
schlag die Augen nieder;
kommt, ergebt euch wieder.

Gott ist gegenwärtig, dem die Cherubinen
Tag und Nacht gebücket dienen.
Heilig, heilig, heilig! singen ihm zur Ehre
aller Engel hohe Chöre.
Herr, vernimm unsre Stimm,
da auch wir Geringen
unsre Opfer bringen.

Du durchdringest alles; lass dein schönstes Lichte,
Herr, berühren mein Gesichte.
Wie die zarten Blumen willig sich entfalten
und der Sonne stille halten,
lass mich so still und froh
deine Strahlen fassen
und dich wirken lassen.

Herr, komm in mir wohnen, lass mein' Geist auf Erden
dir ein Heiligtum noch werden;
komm, du nahes Wesen, dich in mir verkläre,
dass ich dich stets lieb und ehre.
Wo ich geh, sitz und steh,
lass mich dich erblicken
und vor dir mich bücken.

GERHARD TERSTEEGEN 1729 (EG 165, 1–2.6.8)

WEITERE LIEDVORSCHLÄGE:

EG 317, 1–3	LOBE DEN HERREN, DEN MÄCHTIGEN KÖNIG DER EHREN
EG 347, 1–4	ACH BLEIB MIT DEINER GNADE
EG 440, 1–4	ALL MORGEN IST GANZ FRISCH UND NEU

Tu das

Gottesdienst zu Lukas 10,25–37
13. Sonntag nach Trinitatis

Und siehe, da stand ein Schriftgelehrter auf, versuchte Jesus und sprach: Meister, was muss ich tun, dass ich das ewige Leben ererbe?

Er aber sprach zu ihm: Was steht im Gesetz geschrieben? Was liest du? Er antwortete und sprach: „Du sollst den Herrn, deinen Gott, lieben von ganzem Herzen, von ganzer Seele, von allen Kräften und von ganzem Gemüt, und deinen Nächsten wie dich selbst" (5. Mo. 6,5; 3. Mo. 19,18). Er aber sprach zu ihm: Du hast recht geantwortet; tu das, so wirst du leben.

Er aber wollte sich selbst rechtfertigen und sprach zu Jesus: Wer ist denn mein Nächster?

Da antwortete Jesus und sprach: Es war ein Mensch, der ging von Jerusalem hinab nach Jericho und fiel unter die Räuber; die zogen ihn aus und schlugen ihn und machten sich davon und ließen ihn halbtot liegen. Es traf sich aber, dass ein Priester dieselbe Straße hinabzog; und als er ihn sah, ging er vorüber. Desgleichen auch ein Levit: Als er zu der Stelle kam und ihn sah, ging er vorüber. Ein Samariter aber, der auf der Reise war, kam dahin; und als er ihn sah, jammerte er ihn; und er ging zu ihm, goss Öl und Wein auf seine Wunden und verband sie ihm, hob ihn auf sein Tier und brachte ihn in eine Herberge und pflegte ihn.

Am nächsten Tag zog er zwei Silbergroschen heraus, gab sie dem Wirt und sprach: Pflege ihn; und wenn du mehr ausgibst, will ich dir's bezahlen, wenn ich wiederkomme.

Wer von diesen dreien, meinst du, ist der Nächste gewesen dem, der unter die Räuber gefallen war? Er sprach: Der die Barmherzigkeit an ihm tat. Da sprach Jesus zu ihm: So geh hin und tu desgleichen!

Lk. 10,25–37

Liebe Gemeinde,

für den heutigen Sonntag ist uns das Evangelium vom barmherzigen Samariter gegeben. Es gehört zu den Geschichten des Neuen Testaments, die am häufigsten erzählt werden. Wie so oft gebraucht Jesus eine Geschichte aus der Erfahrungswelt seiner Zuhörer, um ihnen den Glauben an Gott zu erklären.

Der Predigttext gliedert sich in zwei Teile. Zunächst beginnt es mit einer Situation, der sich Jesus häufig ausgesetzt sah. Ein Schriftgelehrter will ihm auf den Zahn fühlen, will ihn testen, ob er sich in der biblischen Tradition, im jüdischen Gesetz auskennt. Er stellt Jesus mit einer Fangfrage auf die Probe: *Meister, was muss ich tun, dass ich das ewige Leben ererbe?* Eine zutiefst ernste Frage, eine der Hauptfragen des Lebens überhaupt. Obwohl der Frager es selbst nicht ernst meint mit dieser Frage, geht Jesus doch mit Ernst auf sein vorgeschobenes Anliegen ein. Er antwortet mit einer Gegenfrage, die der Schriftgelehrte mit dem Verweis auf das Dreifachgebot der Liebe beantwortet:

Du sollst den Herrn, deinen Gott, lieben von ganzem Herzen, von ganzer Seele, von allen Kräften und von ganzem Gemüt, und deinen Nächsten wie dich selbst.

Jesus verweist auf das bestehende, gültige Gesetz. Mit der Verheißung *Tu das, so wirst du leben,* beschließt Jesus das Gespräch.

Doch der Schriftgelehrte merkt, dass er bei dem Gespräch schlecht weggekommen ist, dass sein Plan, Jesus aufs Glatteis zu führen, nicht gelungen ist. Im Gegenteil sogar: Auf seine oberflächlich gemeinte Frage gibt ihm Jesus eine Antwort, die ihn zum Handeln herausfordert. Von einer theoretisierenden Frage leitet Jesus das Gespräch zum Lebensstil über, spricht über die praktische Anwendung des Glaubens, wie der Glaube im Verhalten sichtbar wird. Ohne es zu wollen, ist es für den Schriftgelehrten plötzlich ernst geworden.

So beginnt der zweite Teil dieses Evangeliums. Der Schriftgelehrte will sich rechtfertigen, will sich in ein gutes Licht setzen. Er akzeptiert die einfache und klare Antwort Jesu nicht. Er beharrt auf seiner Diskutierlust, auf dem unverbindlichen Wortstreit, ohne Jesus zu begegnen, ohne die Wahrheit des Gebotes auf sich wirken zu lassen. So rettet er sich in die Frage: *Wer ist denn mein Nächster?*

Zu allen Zeiten hat man über diese Frage gestritten und philosophiert. Geschickt umgeht Jesus die fruchtlose Diskussionsebene und erzählt stattdessen eine Geschichte. Wie einer unterwegs von Verbrechern überfallen, ausgeraubt und fast totgeschlagen wird. Wie ein Priester und ein Levit, also ein Tempeldiener, an dem Verletzten vorbeikommen und ihn liegen lassen. Sie schauen hin und schauen wieder weg. Endlich erbarmt sich einer, ausgerechnet ein Mann aus Samarien. Er schaut hin, er spürt sein Mitleid mit dem Verwundeten und lässt es zu, er wäscht seine Wunden, verbindet den Zerschlagenen an Ort und Stelle, bringt ihn mit seinem Esel in eine Herberge, pflegt ihn weiter über Nacht. Als er weiterziehen muss, übergibt er den Verwundeten dem Herbergswirt zur weiteren Pflege und bezahlt seine Dienste im Voraus.

Eine anrührende und zugleich anstößige Geschichte. Wie gut, dass einer sich doch noch um den Verletzten gekümmert hat. Und wie fürsorglich er war. Obwohl der Mann aus Samarien den Verwundeten gar nicht kannte, kümmerte er sich um ihn wie um ein Familienmitglied.

Anstößig wirkt das Verhalten des Priesters und des Tempeldieners. Was bewegte sie dazu, an dem Verletzten vorbeizugehen? Waren sie so eilig? Hatten sie Angst, selber überfallen zu werden, wenn sie dem Verletzten halfen? Wollten sie sich nicht in fremde Angelegenheiten einmischen? Fürchteten sie, sich religiös zu verunreinigen, wenn sie Erste Hilfe leisteten?
Hatten sie im Nachhinein ein schlechtes Gewissen?

Empörend war für jüdische Ohren auch, dass ausgerechnet ein Samariter sich vorbildlich verhielt. Die Samariter galten als Ungläubige, sie gehörten nicht zum auserwählten Volk Gottes. Fromme Juden verachteten die Bewohner Samariens und hielten sich bewusst fern von ihnen. Jesus stellt nun einen von ihnen als leuchtendes Beispiel vor.

Der zweite Teil der Geschichte endet wie der erste Teil. Jesus fragt mit Ernst den unernsten Frager: *Wer von diesen dreien, meinst du, ist der*

Nächste gewesen dem, der unter die Räuber gefallen war? Die Antwort ist sonnenklar. Der Schriftgelehrte gibt zu: *Der die Barmherzigkeit an ihm tat.*

Wieder hatte Jesus das Gespräch aus einer unverbindlichen Ebene in eine individuell bedeutsame Richtung gelenkt. *Was muss ich tun, dass ich das ewige Leben ererbe?* Und: *Wer ist mein Nächster?*

Die Inhalte des Glaubens, das Dreifachgebot der Liebe, sind vorgegeben. Die brauchen wir nicht neu zu erfinden. Aber der Glauben braucht ein klares, erkennbares Verhalten. Wir Christen sind gerufen, die Glaubenssätze in einen Lebensstil zu gießen.

Zweimal weist Jesus auf das Tun hin: Auf das Zitat von dem Dreifachgebot der Liebe sagt Jesus: *Tu das, so wirst du leben.* Und am Schluss: *So geh hin und tu desgleichen!* Das Evangelium einüben, es in unser Verhalten aufnehmen, es zu einer guten Gewohnheit machen, es sich zu eigen machen – dann werden wir leben.

Die ersten Christen wurden von ihren Nachbarn daran als Christusgläubige erkannt, dass sie Liebe ausströmten (vgl. Joh. 13,35).

Die Geschichte vom barmherzigen Samariter führte den frommen Schriftgelehrten zu sich selbst. Jesus forderte ihn heraus, die Gottes- und Nächstenliebe zu tun und nicht nur darüber zu sprechen. Wir als heutige Zuhörer sind ebenfalls gefordert. Wird sie uns zum Anstoß, das Leid des Nächsten zu sehen und auch tätig zu werden? Wenn uns der Mut fehlt, gilt Jesu Verheißung: *Tu das, so wirst du leben.* Denn im Armen, im Notleidenden begegnet uns Christus selbst, wie es im Wochenspruch heißt:

Was ihr getan habt einem von diesen meinen geringsten Brüdern und Schwestern, das habt ihr mir getan.

MT. 25,40

Amen.

LITURGISCHE BAUSTEINE

Wohl denen, die da wandeln vor Gott in Heiligkeit,
nach seinem Worte handeln und leben allezeit;
die recht von Herzen suchen Gott und seine Zeugniss' halten,
sind stets bei ihm in Gnad.

Von Herzensgrund ich spreche: Dir sei Dank allezeit,
weil du mich lehrst die Rechte deiner Gerechtigkeit.
Die Gnad auch ferner mir gewähr; ich will dein Rechte halten,
verlass mich nimmermehr.

Mein Herz hängt treu und feste an dem, was dein Wort lehrt.
Herr, tu bei mir das Beste, sonst ich zuschanden werd.
Wenn du mich leitest, treuer Gott, so kann ich richtig laufen
den Weg deiner Gebot.

Dein Wort, Herr, nicht vergehet, es bleibet ewiglich,
so weit der Himmel gehet, der stets beweget sich;
dein Wahrheit bleibt zu aller Zeit gleichwie der Grund der Erden,
durch deine Hand bereit'.

CORNELIUS BECKER 1602 (EG 295)

Wenn ich mit Menschen- und mit Engelszungen redete
und hätte die Liebe nicht,
so wäre ich ein tönendes Erz
oder eine klingende Schelle.

Und wenn ich prophetisch reden könnte
und wüsste alle Geheimnisse und alle Erkenntnis
und hätte allen Glauben, so dass ich Berge versetzen könnte,
und hätte die Liebe nicht,
so wäre ich nichts.

Und wenn ich alle meine Habe den Armen gäbe
und ließe meinen Leib verbrennen
und hätte die Liebe nicht,
so wäre mir's nichts nütze.

Die Liebe ist langmütig und freundlich,
die Liebe eifert nicht,
die Liebe treibt nicht Mutwillen,
sie bläht sich nicht auf,
sie verhält sich nicht ungehörig,
sie sucht nicht das Ihre,
sie lässt sich nicht erbittern,
sie rechnet das Böse nicht zu,
sie freut sich nicht über die Ungerechtigkeit,
sie freut sich aber an der Wahrheit;
sie erträgt alles, sie glaubt alles,
sie hofft alles, sie duldet alles.

1. KOR. 13,1–7 (EG RWL 772.1)

WEITERE LIEDVORSCHLÄGE:

EG 200   ICH BIN GETAUFT AUF DEINEN NAMEN

EG 221   DAS SOLLT IHR, JESU JÜNGER, NIE VERGESSEN

EG 288   NUN JAUCHZT DEM HERREN, ALLE WELT!

Sorglos

Gottesdienst zu Matthäus 6,25–34
15. Sonntag nach Trinitatis

Jesus spricht: Darum sage ich euch: Sorgt nicht um euer Leben, was ihr essen und trinken werdet; auch nicht um euren Leib, was ihr anziehen werdet. Ist nicht das Leben mehr als die Nahrung und der Leib mehr als die Kleidung? Seht die Vögel unter dem Himmel an: Sie säen nicht, sie ernten nicht, sie sammeln nicht in die Scheunen; und euer himmlischer Vater ernährt sie doch. Seid ihr denn nicht viel mehr als sie?

Wer ist unter euch, der seines Lebens Länge eine Spanne zusetzen könnte, wie sehr er sich auch darum sorgt? Und warum sorgt ihr euch um die Kleidung? Schaut die Lilien auf dem Feld an, wie sie wachsen: Sie arbeiten nicht, auch spinnen sie nicht. Ich sage euch, dass auch Salomo in aller seiner Herrlichkeit nicht gekleidet gewesen ist wie eine von ihnen. Wenn nun Gott das Gras auf dem Feld so kleidet, das doch heute steht und morgen in den Ofen geworfen wird: Sollte er das nicht viel mehr für euch tun, ihr Kleingläubigen?

Darum sollt ihr nicht sorgen und sagen: Was werden wir essen? Was werden wir trinken? Womit werden wir uns kleiden? Nach dem allen trachten die Heiden. Denn euer himmlischer Vater weiß, dass ihr all dessen bedürft. Trachtet zuerst nach dem Reich Gottes und nach seiner Gerechtigkeit, so wird euch das alles zufallen.

Darum sorgt nicht für morgen, denn der morgige Tag wird für das Seine sorgen. Es ist genug, dass jeder Tag seine eigene Plage hat.

MT. 6,25–34

Liebe Gemeinde,

der Predigttext für heute leitet uns zu einer zentralen Haltung des christlichen Glaubens: den Umgang mit den Sorgen. In der Mitte der Bergpredigt stehend, kann man ihn als eine Auslegung zum Vater Unser verstehen. Es geht um die Grundlagen unseres Lebens: um Essen, Trinken und Kleidung zur Bedeckung unserer Blöße. Jesu Botschaft ist einfach: Sorgt nicht um euer Leben! Das Leben ist mehr als Nahrung und der Leib ist mehr als Kleidung.

In unserer Welt voller Reklame hört sich das altmodisch an. Kleider machen Leute, sagt man. Man muss gut aussehen, sonst wird man nichts. Natürlich braucht jeder sein tägliches Brot zum Leben. Doch Jesus zielt mit seiner Aufforderung in die Mitte unserer Existenz: Leben ist mehr als die Grundbedürfnisse zu befriedigen. Das Leben gehört in die Gemeinschaft der Menschen und in die Gemeinschaft mit Gott.

Für Nahrung und Kleidung zu sorgen gehört zum Alltag – früher noch viel mehr als heute –, doch es soll nicht zum einzigen Lebensinhalt werden. Es ist nötig, hier zu unterscheiden: zwischen Pflege und Fürsorge, die notwendig sind, damit Leben gedeihen kann. Davon unterscheiden sich die Sorgen, die die Menschen zermürben, einsperren und kaputt machen. Sich Sorgen zu machen, verbessert die Dinge nicht. Im Gegenteil: Sie kennen den Vater im Himmel nicht, der die sorglosen Vögel unter dem Himmel ernährt. Sie können die Dinge nicht aus der Hand legen, versuchen vergebens, in ihrer Ohnmacht die Welt zurechtzubiegen. Von Gott erwarten sie nichts, obwohl der weiß, was wir brauchen.

Die Benediktiner haben über Jahrhunderte hin ein Rezept gegen die Sorgen eingeübt: Bete und arbeite. Ora et labora. Wo wir etwas ändern können, da gilt unser Einsatz, unser Handeln, unsere Arbeit. Wo unsere Grenzen erreicht sind, bitten wir Gott um Hilfe.

Sorget nicht um euer Leben! Jesus ruft uns in die Freiheit, weg von den Sorgen, hin zur Freude, zu einem gelassenen Lebensstil, offen für Gott und das Kommen seines Reiches.

Zum Vergleich: Die Gottlosen wissen nichts von dem lebendigen Gott, kennen nur sich selbst. Da müssen sie alles für sich alleine planen und beschaffen. Auch die Dinge, die nicht machbar sind wie Freundschaft, Liebe und Vertrauen, wie Glück, Geborgenheit und Güte.

Jesus weist auf die Schöpfung hin: Seht die Vögel unter dem Himmel an: Sie säen nicht, sie ernten nicht, sie sammeln nicht in die Scheunen; seht die Lilien auf dem Feld an, wie sie wachsen: Sie arbeiten nicht, sie spinnen nicht. Doch Gott ernährt sie, Gott kleidet sie.
Die Geschöpfe zeugen von der Güte und Pracht des Vaters im Himmel. Sie sind unsere Lehrmeister in Sachen Vertrauen. Wie viel mehr ist ein Mensch als ein Vogel, wie viel mehr als eine Blume?

Die Bergpredigt lockt uns in ein Leben aus dem Vertrauen. Wer aus dem Vertrauen in Gott lebt, setzt andere Prioritäten, dem schmeckt das Leben anders.

Trachtet zuerst nach dem Reich Gottes und nach seiner Gerechtigkeit!

Diese Blickrichtung erhält uns eine geistige Eigenständigkeit gegenüber Modezwängen jeglicher Herkunft. Das Vorletzte wird sich fügen, weil Gott dafür sorgt. Wir leben im Hier und Jetzt, statt in die Zukunft zu entschwinden oder in der Vergangenheit zu erstarren. Gelassen staunen wir: Heute ist heute, morgen ist morgen. Die Lebenslast wird in Tagesportionen aufgeteilt, genug und nicht zu viel für einen Tag. Wie das tägliche Brot, so die tägliche Plage.

Der morgige Tag wird für das Seine sorgen.

So wachsen Geduld und Treue. Wir halten durch, wenn es darauf ankommt. Wir üben täglich das Vertrauen zu Gott, dem Schöpfer und Erhalter des Lebens. Wir erfahren seine Fürsorge im Kleinen und im Großen. Wir leben vom Elementaren: von Brot und Wein, von Abend und Morgen, von Gnade und Gerechtigkeit.

Alle eure Sorge werft auf ihn, denn er sorgt für euch.

1. PETR. 5,7

Die Sorge wegwerfen, nicht das Vertrauen, welches eine große Belohnung hat. Geduld aber habt ihr nötig, damit ihr den Willen Gottes tut und das Verheißene empfangt.

VGL. HEBR. 10,35–36.

So wächst das Vertrauen, so wächst die Liebe, so mehrt sich die Freude. Alles und jeden in Gottes Hände befehlen, denn der himmlische Vater weiß um unsere Bedürfnisse. Gott schenkt uns gerne, was wir zum Leben und Sterben brauchen. Darum:

Sorgt nicht um euer Leben, trachtet zuerst nach dem Reich Gottes und nach seiner Gerechtigkeit, so wird euch alles zufallen.

Amen.

LITURGISCHE BAUSTEINE

Wenn der Herr nicht das Haus baut,
so arbeiten umsonst, die daran bauen.
Wenn der Herr nicht die Stadt behütet,
so wacht der Wächter umsonst.
Es ist umsonst, dass ihr früh aufsteht und hernach lange sitzet
und esset euer Brot mit Sorgen;
denn seinen Freunden gibt er es im Schlaf.

PS. 127,1–2

Von Gott will ich nicht lassen, denn er lässt nicht von mir,
führt mich durch alle Straßen, da ich sonst irrte sehr.
Er reicht mir seine Hand;
den Abend und den Morgen tut er mich wohl versorgen,
wo ich auch sei im Land.

Wenn sich der Menschen Hulde und Wohltat all verkehrt,
so find't sich Gott gar balde, sein Macht und Gnad bewährt.
Er hilft aus aller Not,
errett' von Sünd und Schanden, von Ketten und von Banden,
und wenn's auch wär der Tod.

Auf ihn will ich vertrauen in meiner schweren Zeit;
es kann mich nicht gereuen, er wendet alles Leid.
Ihm sei es heimgestellt;
mein Leib, mein Seel, mein Leben sei Gott dem Herrn ergeben;
er schafft's, wie's ihm gefällt!

LUDWIG HELMBOLD 1563 (EG 365, 1–3)

Wer nur den lieben Gott lässt walten und hoffet auf ihn allezeit,
den wird er wunderbar erhalten in aller Not und Traurigkeit.
Wer Gott, dem Allerhöchsten, traut, der hat auf keinen Sand gebaut.

Was helfen uns die schweren Sorgen, was hilft uns unser Weh und Ach?
Was hilft es, dass wir alle Morgen beseufzen unser Ungemach?
Wir machen unser Kreuz und Leid nur größer durch die Traurigkeit.

Man halte nur ein wenig stille und sei doch in sich selbst vergnügt,
wie unsers Gottes Gnadenwille, wie sein Allwissenheit es fügt;
Gott, der uns sich hat auserwählt, der weiß auch sehr wohl, was uns fehlt.

Sing, bet und geh auf Gottes Wegen, verricht das Deine nur getreu
und trau des Himmels reichem Segen, so wird er bei dir werden neu.
Denn welcher seine Zuversicht auf Gott setzt, den verlässt er nicht.

GEORG NEUMARK 1657 (EG 369, 1–3,7)

WEITERE LIEDVORSCHLÄGE:

EG 163   UNSERN AUSGANG SEGNE GOTT

EG 302   DU MEINE SEELE, SINGE

EG 325   SOLLT ICH MEINEM GOTT NICHT SINGEN?

EG 449   DIE GÜLDNE SONNE

Unbeirrbar

Gottesdienst zu Matthäus 15,21–28
17. Sonntag nach Trinitatis

Und Jesus ging weg von dort und zog sich zurück in die Gegend von Tyrus und Sidon.

Und siehe, eine kanaanäische Frau kam aus diesem Gebiet und schrie: Ach Herr, du Sohn Davids, erbarme dich meiner! Meine Tochter wird von einem bösen Geist übel geplagt.

Und er antwortete ihr kein Wort. Da traten seine Jünger zu ihm, baten ihn und sprachen: Lass sie doch gehen, denn sie schreit uns nach. Er antwortete aber und sprach: Ich bin nur gesandt zu den verlorenen Schafen des Hauses Israel.

Sie aber kam und fiel vor ihm nieder und sprach: Herr, hilf mir! Aber er antwortete und sprach: Es ist nicht recht, dass man den Kindern ihr Brot nehme und werfe es vor die Hunde.

Sie sprach: Ja, Herr; aber doch fressen die Hunde von den Brosamen, die vom Tisch ihrer Herren fallen. Da antwortete Jesus und sprach zu ihr: Frau, dein Glaube ist groß. Dir geschehe, wie du willst! Und ihre Tochter wurde gesund zu derselben Stunde.

Mt. 15,21–28

Liebe Gemeinde,

der Predigttext für den heutigen Sonntag steht im Matthäusevangelium in einer Passage, in der sich Heilungsberichte mit theologischen Streitgesprächen abwechseln.
Besserwissende Pharisäer machen Jesus das Leben schwer. Sie unterstellen ihm und seinen Jüngern, das jüdische Gesetz zu übertreten. Erschöpft von

den Auseinandersetzungen zieht Jesus sich nach Syro-Phönizien in das Gebiet des heutigen Libanons zurück. Er überschreitet die Grenze Israels nach Norden.

In diesem heidnischen Ausland kommt es zu einer sonderbaren Begegnung. Eine Frau kommt zu Jesus und schreit: *Ach Herr, du Sohn Davids, erbarme dich meiner! Meine Tochter wird von einem bösen Geist übel geplagt.* Diese fremde, namenlose Heidin gebraucht den Ehrentitel Jesu: Herr, Kyrios, Sohn Davids. Sie weiß um die Vollmacht, die Jesus ausübt, und bittet ihn unausgesprochen um die Heilung ihrer Tochter. Sie fällt auf: Es war Frauen nicht erlaubt, von sich aus auf Männer zuzugehen. Sie schreit und stört Jesus auf.

Doch Jesus schweigt. Der lauten Aktion der engagierten Frau setzt Jesus seine Ruhe entgegen. Die Jünger jedoch halten die angespannte Stille nicht aus. *Lass sie doch gehen,* schick sie weg, *denn sie schreit uns nach.* Man kann auch übersetzen: *Stell sie zufrieden!* Den Jüngern ist die Frau lästig und peinlich. Sie wollen sie loswerden.

Das geschieht jeden Tag: Menschen werden mit ihrem Anliegen abgewiesen, abgewimmelt. Oder ihre Bitte wird herzlos erledigt, sodass sich der Bittsteller schämt.

Auch Jesus weist das Anliegen der Frau zurück. *Ich bin nur gesandt zu den verlorenen Schafen des Hauses Israel.* Doch im Unterschied zu den Jüngern nimmt Jesus den Kontakt mit der Frau auf. Er spricht nicht über sie, er spricht mit ihr. In seinen Worten antwortet Jesus der Frau auf der geistlichen Ebene, die sie mit ihrer Anrede „Herr, Sohn Davids" zu Beginn gebraucht hatte. In dem einen Satz klingt so viel mit: die Sendung von Gott, der Ernst von Verlorenheit und Heil, Israel als auserwähltes Volk. *Ich bin nur gesandt zu den verlorenen Schafen des Hauses Israel.*

Damit scheint das Gespräch beendet. Doch die Frau spürt, dass Jesus innerlich bei ihr bleibt. Das ermutigt sie. So nähert sie sich und fällt vor Jesus nieder. Mit dieser Gebärde drückt sie zugleich Demut, Ehrerbietung und Bitte aus. Jetzt schreit sie nicht mehr, sondern spricht: *Herr, hilf mir!* Ein verzweifeltes Herz vor dem Meister. Fast grob stellt Jesus die Frau abermals auf die Probe: *Es ist nicht recht, dass man den Kindern ihr Brot neh-*

me und werfe es vor die Hunde. Wieder klingt in dem einen Satz unausgesprochen so viel mit: von der Erwählung Israels als Gottes geliebtes Volk – das sind die Kinder; von den Völkern, die andere Götter verehren und darum als Heiden gelten – das sind die Hunde; und von dem Heil, dem Brot für die Kinder. *Es ist nicht recht, dass man den Kindern ihr Brot nehme und werfe es vor die Hunde.*

Unbeirrt nimmt die Frau die Worte auf. Sie stimmt ihnen zu, weiß um ihre schlechten Chancen, ist sich bewusst, kein Anrecht, keinen Anspruch auf Jesu Hilfe zu haben. Einen letzten Versuch wagt sie noch. Mit einem Widerspruch, einer Erweiterung des Bildes von den Hunden und dem Brot: *Ja, Herr; aber doch fressen die Hunde von den Brosamen, die vom Tisch ihrer Herren fallen.*

Mit diesem Satz eröffnet die syrophönizische Frau eine neue Perspektive des Heils, nämlich über die Grenzen Israels hinweg zu allen Menschen. Verborgen in der Bildsprache bekennt sie ihren Glauben:
– auch wir Heiden brauchen Gottes Barmherzigkeit und Heil,
– ein Bissen Brot von deinem Tisch, ein Moment Aufmerksamkeit in deinen Augen,
– einmal dein Gewand berühren, ein Wort aus deinem Mund –
– und das Heil vollzieht sich an mir und meiner kranken Tochter.
Nun tritt die Wendung ein. Jesus hat sich von der kanaanäischen Frau überzeugen lassen. *Frau, dein Glaube ist groß. Dir geschehe, wie du willst! Und ihre Tochter wurde gesund zu derselben Stunde.*

Jesus würdigt das Vertrauen der namenlosen Frau, erkennt ihr klares Herz. Die unbekannte Heidin wird zum Vorbild des Glaubens an den Messias Jesus. Sie glaubt Jesu Vollmacht und es geschieht, worum sie gebeten hat: Ihr Kind wird gesund.

Außerhalb des Gewohnten, Vorgegebenen begegnet uns Gott in dieser Welt. Mit dem Herzen ist die Frau nah bei Jesus. Er erkennt ihr geistliches Verständnis seiner Person. Ihr unerschütterlicher Glaube an Jesu Barmherzigkeit und Vollmacht gewinnt. Sie und ihre Tochter finden Gesundheit und Heil.

Du Sohn Gottes, erbarme dich meiner! Und: *Herr, hilf mir!* Es braucht nicht viele Worte, um Gottes Beistand zu erbitten.

Die Heidin als Vorbild des Glaubens und als Lehrerin des Bittens. Folgen wir ihr darin nach, uns in die Nähe Jesu zu wagen, alle Vollmacht ihm zuzutrauen, ihn um das Ersehnte zu bitten und es zu empfangen.

Amen.

LITURGISCHE BAUSTEINE

Nach dir, Herr, verlanget mich.
Mein Gott, ich hoffe auf dich;
lass mich nicht zuschanden werden.
Denn keiner wird zuschanden, der auf dich harret.
Herr, zeige mir deine Wege
und lehre mich deine Steige!
Leite mich in deiner Wahrheit und lehre mich!
Denn du bist der Gott, der mir hilft; täglich harre ich auf dich.
Gedenke, Herr, an deine Barmherzigkeit und an deine Güte,
die von Ewigkeit her gewesen sind.
Der Herr ist gut und gerecht,
darum weist er Sündern den Weg.
Die Wege des Herrn sind lauter Güte und Treue
für alle, die seinen Bund und seine Gebote halten.
Um deines Namens willen, Herr,
vergib mir meine Schuld, die so groß ist!
Der Herr ist denen Freund, die ihn fürchten;
und seinen Bund lässt er sie wissen.
Meine Augen sehen stets auf den Herrn;
denn er wird meinen Fuß aus dem Netze ziehen.
Wende dich zu mir und sei mir gnädig;
denn ich bin einsam und elend.
Die Angst meines Herzens ist groß;
führe mich aus meinen Nöten!
Sieh an meinen Jammer und mein Elend
und vergib mir alle meine Sünden!
Bewahre meine Seele und errette mich;
lass mich nicht zuschanden werden, denn ich traue auf dich!

Ps. 25 I.A. (EG RWL 712.1–2)

Man lobt dich in der Stille, du hocherhabner Zionsgott;
des Rühmens ist die Fülle vor dir, o Herre Zebaoth.
Du bist doch, Herr, auf Erden der Frommen Zuversicht,
in Trübsal und Beschwerden lässt du die Deinen nicht.
Drum soll dich stündlich ehren mein Mund vor jedermann
und deinen Ruhm vermehren, solang er lallen kann.

Es müssen, Herr, sich freuen von ganzer Seel und jauchzen hell,
die unaufhörlich schreien: „Gelobt sei der Gott Israel'!"
Sein Name sei gepriesen, der große Wunder tut
und der auch mir erwiesen das, was mir nütz und gut.
Nun, dies ist meine Freude, zu hangen fest an dir,
dass nichts von dir mich scheide, solang ich lebe hier.

Herr, du hast deinen Namen sehr herrlich in der Welt gemacht;
denn als die Schwachen kamen, hast du gar bald an sie gedacht.
Du hast mir Gnad erzeiget; nun, wie vergelt ich's dir?
Ach bleibe mir geneiget, so will ich für und für
den Kelch des Heils erheben und preisen weit und breit
dich hier, mein Gott, im Leben und dort in Ewigkeit.

JOHANN RIST 1651/1654 (EG 323)

WEITERE LIEDVORSCHLÄGE:

EG 165   GOTT IST GEGENWÄRTIG

EG 296   ICH HEB MEIN AUGEN SEHNLICH AUF

EG 322   NUN DANKET ALL UND BRINGET EHR

EG 361   BEFIEHL DU DEINE WEGE

Schwertscharf

Gottesdienst zu Matthäus 10,34–39
21. Sonntag nach Trinitatis

Jesus spricht: Ihr sollt nicht meinen, dass ich gekommen bin, Frieden zu bringen auf die Erde. Ich bin nicht gekommen, Frieden zu bringen, sondern das Schwert. Denn ich bin gekommen, den Menschen zu entzweien mit seinem Vater und die Tochter mit ihrer Mutter und die Schwiegertochter mit ihrer Schwiegermutter. Und des Menschen Feinde werden seine eigenen Hausgenossen sein.

Wer Vater oder Mutter mehr liebt als mich, der ist meiner nicht wert; und wer Sohn oder Tochter mehr liebt als mich, der ist meiner nicht wert. Und wer nicht sein Kreuz auf sich nimmt und folgt mir nach, der ist meiner nicht wert. Wer sein Leben findet, der wird's verlieren; und wer sein Leben verliert um meinetwillen, der wird's finden.

Mt. 10,34–39

Liebe Gemeinde,

Ich bin nicht gekommen, Frieden zu bringen, sondern das Schwert. Das Evangelium zeigt uns einen fremden Jesus. Der Vers wird verständlich, wenn wir den Zusammenhang betrachten. Im 10. Kapitel des Matthäusevangeliums geht es um die Berufung und Sendung der Jünger. Jesus sagt ihnen voraus, dass die Botschaft von der Nähe Gottes auch Ablehnung, ja sogar Feindschaft finden wird. Auf ihrem Weg sind die Jünger mit ihrem Meister verbunden: Menschen werden durch ihre Predigt, durch ihr Gebet geheilt; von anderen dagegen werden sie verfolgt, gehasst, eventuell getötet werden. Wie Jesus sein Kreuz getragen hat, so werden die Jünger jeweils ihr Kreuz tragen und damit Anteil nehmen am Leiden Jesu.

Das Evangelium verschweigt es nicht: Leiden gehört zur Nachfolge. Krankheit, Schwäche, Ablehnung und Ungerechtigkeit begegnen den Jüngern auf ihrem Weg. Das Evangelium verspricht kein immerwährendes Wohlgefühl, keine permanenten Erfolge, keine ewige Jugend und Gesundheit.

Das Evangelium verheißt dagegen ein Leben in der Nähe Gottes, lädt uns ein, Gottes heiliger, heilvollen und heilenden Macht zu begegnen.

Ich bin nicht gekommen, Frieden zu bringen, sondern das Schwert. Jesus spricht hier nicht von der tötenden Wirkung eines Schwertes, sondern von seiner Schärfe. Das Schwert des Wortes Gottes unterscheidet und trennt die Wahrheit von der Lüge. Die Botschaft vom Reich Gottes polarisiert: Die einen werden den Ruf hören, die anderen sich davon abwenden oder gleichgültig bleiben. Bis in die engsten Verwandtschaftsverhältnisse hinein wird es deswegen Streit geben. Die Geistesverwandtschaft mit Gott ist tiefer, bindender als Blutsverwandtschaft. Wer Gottes Rufen hört, erkennt seinen Vater im Himmel, seinen Ursprung aus der Schöpfung. Diese Beziehung ist enger als ein Mutter-Kind-Verhältnis.

Unser Predigttext stammt aus einer Zeit, wo erst einzelne Familienmitglieder Christen wurden. Oft hatten sie mit Widerstand aus den eigenen Reihen zu kämpfen. Ihre Familien waren nicht mit dem neuen Glauben einverstanden. Zu viel wurde in Frage gestellt, zu viel änderte sich, die lieb gewordenen Traditionen wollte man nicht aufgeben.

Bis heute gibt es solche Geschichten. Sie kennen das aus Filmen und Erzählungen. Da wählt jemand einen geistlichen Weg, will Pfarrer oder Nonne werden, und seine Familie ist dagegen. Oder wenn früher ein katholischer Mann eine evangelische Frau heiraten wollte, da gab es Streit. Manchmal soweit, dass jemand aus der Familie ausgeschlossen wurde. Eine ähnliche Reaktion ernten Menschen, wenn sie unmoralische Verhaltensweisen nicht mehr mitmachen. Manche zollen ihnen Respekt, andere werden ihre Feinde.

Das Evangelium ist nicht neutral. Es polarisiert: für Gott oder gegen Gott. Etwas dazwischen gibt es nicht. Weil es um die Wahrheit geht, gibt es Entzweiung. Das ganze Leben steht im Mittelpunkt. Darum ist es Jesus so ernst damit. Bei einer Operation wird scharf geschnitten, getrennt, herausgelöst, um Leben zu retten. Dabei gibt es keine Kompromisse. Sie könnten das Leben kosten.

Diese Entschiedenheit finden wir am Anfang der Nachfolge: bei der Taufe. Wir sind auf den Namen des dreieinigen Gottes getauft, in Tod und Auferstehung Jesu Christi einbezogen. Mit der Taufe gehören wir zu Gott, ganz und gar. Damit sind wir den widergöttlichen Mächten entzogen. In alten Taufliturgien gibt es einen Abschnitt, in dem der erwachsene Täufling gefragt wird, ob er den widergöttlichen Mächten entsagt. Da wird eine Trennung vollzogen, da schenkt sich das Heil.

Wer sein Leben findet, der wird's verlieren; und wer sein Leben verliert um meinetwillen, der wird's finden.

Die Nachfolge bleibt nicht ohne Lohn ...

Wer sein Leben verliert um meinetwillen, der wird's finden.

Unser Leben, unser Nachfolgen ist nicht vergeblich, wir bleiben im Leiden behütet, unser Leben ist trotz aller Bedrängnisse gehalten, im Verlieren wird es uns von Gott neu geschenkt. Es gilt, das ganze Leben zu gewinnen. Darum sind wir gerufen, uns von dem zu trennen, was uns von Gott fernhält: Misstrauen und Gleichgültigkeit, Neid und Gier, Gewalt und Ungerechtigkeit.

Wir haben uns schon auf den Weg gemacht. Das Evangelium vergewissert uns in unserer Wahl. Wer nachfolgt, bleibt im heilenden Machtbereich Jesu. Die heilige Theresa von Avila hat es in einfachen Worten gesagt:

Lass dich nicht ängstigen, nichts dich erschrecken.
Alles geht vorüber.
Gott allein bleibt derselbe.
Wer Gott hat, der hat alles.
Gott allein genügt.

Amen.

LITURGISCHE BAUSTEINE

Das Gesetz des Herrn ist vollkommen
und erquickt die Seele.
Das Zeugnis des Herrn ist gewiss
und macht die Unverständigen weise.
Die Befehle des Herrn sind richtig
und erfreuen das Herz.
Die Gebote des Herrn sind lauter
und erleuchten die Augen.
Die Furcht des Herrn ist rein und bleibt ewiglich.
Die Rechte des Herrn sind Wahrheit, allesamt gerecht.
Sie sind köstlicher als Gold und viel feines Gold,
sie sind süßer als Honig und Honigseim.
Auch lässt dein Knecht sich durch sie warnen;
und wer sie hält, der hat großen Lohn.
Wer kann merken, wie oft er fehlet?
Verzeihe mir die verborgenen Sünden!
Bewahre auch deinen Knecht vor den Stolzen,
dass sie nicht über mich herrschen;
so werde ich ohne Tadel sein
und rein bleiben von großer Missetat.
Lass dir wohlgefallen die Rede meines Mundes
und das Gespräch meines Herzens vor dir,
Herr, mein Fels und mein Erlöser.

Ps. 19,8–15 (EG RWL 708.2)

Es kennt der Herr die Seinen und hat sie stets gekannt,
die Großen und die Kleinen in jedem Volk und Land;
er lässt sie nicht verderben, er führt sie aus und ein,
im Leben und im Sterben sind sie und bleiben sein.

Er kennet seine Scharen am Glauben, der nicht schaut
und doch dem Unsichtbaren, als säh er ihn, vertraut;
der aus dem Wort gezeuget und durch das Wort sich nährt
und vor dem Wort sich beuget und mit dem Wort sich wehrt.

Er kennt sie als die Seinen an ihrer Hoffnung Mut,
die fröhlich auf dem einen, dass er der Herr ist, ruht,
in seiner Wahrheit Glanze sich sonnet frei und kühn,
die wunderbare Pflanze, die immerdar ist grün.

Er kennt sie an der Liebe, die seiner Liebe Frucht
und die mit lauterm Triebe ihm zu gefallen sucht,
die andern so begegnet, wie er das Herz bewegt,
die segnet, wie er segnet, und trägt, wie er sie trägt.

PHILIPP SPITTA 1843 (EG 358, 1–4)

WEITERE LIEDVORSCHLÄGE:

EG 164   JESU, STÄRKE DEINE KINDER

EG 228   ER IST DAS BROT, ER IST DER WEIN

EG 405   HALT IM GEDÄCHTNIS JESUS CHRIST

EG 414   LASS MICH, O HERR, IN ALLEN DINGEN

Wann?

Gottesdienst zu Lukas 17,20–30
Drittletzter Sonntag im Kirchenjahr

Als Jesus aber von den Pharisäern gefragt wurde: Wann kommt das Reich Gottes?, antwortete er ihnen und sprach: Das Reich Gottes kommt nicht so, dass man's beobachten kann; man wird auch nicht sagen: Siehe, hier ist es!, oder: Da ist es! Denn siehe, das Reich Gottes ist mitten unter euch.

Er sprach aber zu den Jüngern: Es wird die Zeit kommen, in der ihr begehren werdet, zu sehen einen der Tage des Menschensohns, und werdet ihn nicht sehen. Und sie werden zu euch sagen: Siehe, da!, oder: Siehe, hier! Geht nicht hin und lauft ihnen nicht nach! Denn wie der Blitz aufblitzt und leuchtet von einem Ende des Himmels bis zum andern, so wird der Menschensohn an seinem Tage sein. Zuvor aber muss er viel leiden und verworfen werden von diesem Geschlecht.

Und wie es geschah zu den Zeiten Noahs, so wird's auch geschehen in den Tagen des Menschensohns: Sie aßen, sie tranken, sie heirateten, sie ließen sich heiraten bis zu dem Tag, an dem Noah in die Arche ging und die Sintflut kam und brachte sie alle um.

Ebenso, wie es geschah zu den Zeiten Lots: Sie aßen, sie tranken, sie kauften, sie verkauften, sie pflanzten, sie bauten; an dem Tage aber, als Lot aus Sodom ging, da regnete es Feuer und Schwefel vom Himmel und brachte sie alle um. Auf diese Weise wird's auch gehen an dem Tage, wenn der Menschensohn wird offenbar werden.

Lk. 17,20–30

Liebe Gemeinde,

in diesen Wochen vor dem Advent bedenkt die Kirche die letzten Dinge. Wir hören die Texte der Heiligen Schrift, die von der Erwartung auf Gottes Kommen sprechen. Unsere Aufmerksamkeit richtet sich auf das, was jenseits unserer Grenzen liegt. Mit den Gedenktagen an unsere Verstorbenen am Allerheiligentag und am Totensonntag begegnen wir den Fragen, die über unser Leben hinausragen.

Der heutige Predigttext beginnt mit einer Frage an Jesus: *Wann kommt das Reich Gottes?*
Zu allen Zeiten haben Menschen immer wieder diese Frage gestellt: *Wann kommt das Reich Gottes?*

Die Frage klingt im Mund der Spötter und Kritiker ironisch: Wann kommt denn endlich euer Reich Gottes? Es ist ja nichts davon zu sehen. Ihr sitzt wohl einer Illusion auf.

Die Frage kann auch mathematisch-technisch verstanden werden: Wie können wir berechnen, wann genau das Reich Gottes kommt? Welche Faktoren beeinflussen den Zeitpunkt? Wer ist daran beteiligt?

Es gibt auch Menschen, die diese Frage: *Wann kommt das Reich Gottes?* wie einen Seufzer ausstoßen. Menschen, die unter Ungerechtigkeit, Gewalt und Not leiden, sehnen das Kommen Gottes herbei. Sie erflehen in ihren Gebeten, Gott möge allem Kummer und Leid ein Ende bereiten. Sie berufen sich auf die alttestamentlichen Verheißungen, die sich mit dem Messias Jesus erfüllen. Das Reich Gottes ist nahe herbeigekommen.
Wann kommt das Reich Gottes? fragten die Pharisäer Jesus. Überraschend Jesu Antwort:

> Das Reich Gottes kommt nicht so, dass man's beobachten kann; man wird auch nicht sagen: Siehe, hier ist es!, oder: Da ist es! Denn siehe, das Reich Gottes ist mitten unter euch.

Eine neue Dimension der Nähe Gottes tut sich auf. Mit der Menschwerdung Gottes in Jesus von Nazareth ist Gott nahe geworden. *Das Reich Gottes ist inwendig in euch, mitten in euch selbst.* In der Begegnung mit Jesus wird etwas in uns angerührt und geweckt, das göttlich ist. Viele Bilder beschreiben dieses Geheimnis: das Gewahrwerden von Schöpfer und Geschöpf, die Gottebenbildlichkeit des Menschen, die Einwohnung des Heiligen Geistes in unseren Herzen, das neu geboren werden durch Taufe und Glauben.

Das Kommen und die Anwesenheit des Reiches Gottes bleiben ein Geschenk Gottes. Das ist schwer auszuhalten und so entstehen irreführende Parolen. Geschichte und Gegenwart sind voller Verdrehungen: Das Reich Gottes liegt im Kommunismus, das Heil kommt nur mit dem Kapitalismus, nur mit Konsum wird man glücklich, es gibt ein Leben ohne Leid usw. Die Liste lässt sich beliebig lang fortsetzen.

Jesus warnt seine Jünger ausdrücklich vor solchen Irreführungen. *Geht nicht hin und lauft ihnen nicht nach!* Denn das Kommen des Menschensohnes am Ende der Tage wird völlig anders sein: plötzlich und unberechenbar, ohne Prognose oder Umfrageergebnis.

Mit hellem Licht und geballter Energie wird der Menschensohn die trügerische Scheinwelt durchleuchten. Wie ein Blitz am Himmel von allen zu sehen ist, wird das Kommen des Menschensohnes für alle deutlich sein. Jesu Tod und Auferstehung vollenden sich in seiner Wiederkunft am Ende der Zeiten. Was verheißen war, erfüllt sich; was angedroht war, nimmt seinen Lauf. Das Böse und die Ungerechtigkeit werden gerichtet.

Als Beispiel verweist Jesus auf Noahs Zeiten. Alles sah normal aus, jeder ging seinen alltäglichen Gewohnheiten nach: essen, trinken, heiraten. Doch *der Menschen Bosheit war groß auf Erden (Gen 6,5)*, heißt es über diese Zeit. Sodom und Gomorra stehen bis heute für Ungerechtigkeit, Amoralität, Gewalt, Sündenpfuhl. Niemand machte sich um Gottes Gerechtigkeit Gedanken. Doch als die letzten Gerechten die Stadt verlassen, geht die Stadt unter. Die bösen Taten der Menschen haben Folgen, das begangene Unrecht bleibt nicht ungesühnt. Wo Gott keinen Ort mehr unter den Menschen hat, bekommt das Böse Raum.

Die alttestamentlichen Psalmen bitten um die Rettung vor den Bösen, sie bitten Gott sogar um deren Untergang. Nüchtern nehmen die Beter das Böse wahr, benennen es und widerstehen so der Gefahr, das Böse zu verharmlosen, es zu entschuldigen oder gar als Gutes zu tarnen.

In jedem Vater Unser bittet die Kirche: *Und erlöse uns von dem Bösen.*
Und endet in dem Lobpreis: ... *denn dein ist das Reich und die Kraft und
die Herrlichkeit in Ewigkeit.*

Im Bedenken der letzten Dinge geraten wir in eine doppelte Spannung:
Ganz anders als das verborgene, unscheinbare Kommen Gottes im Stall zu
Bethlehem wird das Kommen des Menschensohnes am Ende der Tage unberechenbar, plötzlich und für alle sichtbar sein. Die Menschen werden es
ambivalent erleben. Es vollendet die Gläubigen in Gottes Frieden. Zugleich
beendet es alle widergöttlichen Systeme und Kräfte. Das Evangelium ist
hier sehr ernst: Es mahnt uns, den lieben Gott nicht zu verniedlichen, die
Worte Jesu nicht zu verharmlosen oder innerweltlich aufzulösen.

Zugleich wird uns Wartenden zugesagt: Das Reich Gottes ist schon jetzt in
uns. Gottes Nähe hat sich schon verwirklicht. Die Gemeinde lebt es im Loben, Bitten, Danken. In Wort und Sakrament wirkt der Heilige Geist. Doch
die Vollendung steht noch aus. *Dein Reich komme* bleibt weiter unsere Bitte, um bereit und wachsam Gottes Kommen entgegenzugehen.

Amen.

LITURGISCHE BAUSTEINE

Herr, du bist unsre Zuflucht für und für.
Ehe denn die Berge wurden
und die Erde und die Welt geschaffen wurden,
bist du, Gott, von Ewigkeit zu Ewigkeit.
Der du die Menschen lässest sterben
und sprichst: Kommt wieder, Menschenkinder!
Denn tausend Jahre sind vor dir wie der Tag, der gestern vergangen ist,
und wie eine Nachtwache.
Du lässest sie dahinfahren wie einen Strom,
sie sind wie ein Schlaf,
wie ein Gras, das am Morgen noch sprosst,
das am Morgen blüht und sprosst und des Abends welkt und verdorrt.
Das macht dein Zorn, dass wir so vergehen,
und dein Grimm, dass wir so plötzlich dahin müssen.
Denn unsre Missetaten stellst du vor dich,
unsre unerkannte Sünde ins Licht vor deinem Angesicht.
Darum fahren alle unsre Tage dahin durch deinen Zorn,
wir bringen unsre Jahre zu wie ein Geschwätz.
Unser Leben währet siebzig Jahre,
und wenn's hoch kommt, so sind's achtzig Jahre,
und was daran köstlich scheint, ist doch nur vergebliche Mühe;
denn es fähret schnell dahin, als flögen wir davon.
Wer glaubt's aber, dass du so sehr zürnest,
und wer fürchtet sich vor dir in deinem Grimm?
Lehre uns bedenken, dass wir sterben müssen,
auf dass wir klug werden.
Herr, kehre dich doch endlich wieder zu uns
und sei deinen Knechten gnädig!
Fülle uns frühe mit deiner Gnade,
so wollen wir rühmen und fröhlich sein unser Leben lang.
Erfreue uns nun wieder, nachdem du uns so lange plagest,
nachdem wir so lange Unglück leiden.
Zeige deinen Knechten deine Werke
und deine Herrlichkeit ihren Kindern.
Und der Herr, unser Gott, sei uns freundlich
und fördere das Werk unsrer Hände bei uns.
Ja, das Werk unsrer Hände wollest du fördern!

Ps. 90 (EG RWL 738.1–2)

Das schreib dir in dein Herze, du hochbetrübtes Heer,
bei denen Gram und Schmerze sich häuft je mehr und mehr;
seid unverzagt, ihr habet die Hilfe vor der Tür;
der eure Herzen labet und tröstet, steht allhier.

Ihr dürft euch nicht bemühen noch sorgen Tag und Nacht,
wie ihr ihn wollet ziehen mit eures Armes Macht.
Er kommt, er kommt mit Willen, ist voller Lieb und Lust,
all Angst und Not zu stillen, die ihm an euch bewusst.

Er kommt zum Weltgerichte: zum Fluch dem, der ihm flucht,
mit Gnad und süßem Lichte dem, der ihn liebt und sucht.
Ach komm, ach komm, o Sonne, und hol uns allzumal
zum ewgen Licht und Wonne in deinen Freudensaal.

PAUL GERHARDT 1653 (EG 11, 6.7.10)

WEITERE LIEDVORSCHLÄGE:

EG 147   „WACHET AUF", RUFT UNS DIE STIMME

EG 152   WIR WARTEN DEIN, O GOTTES SOHN

EG 153   DER HIMMEL, DER IST, IST NICHT DER HIMMEL, DER KOMMT

EG 241, 8   WACH AUF, DU GEIST DER ERSTEN ZEUGEN

Register Bibelstellen / Predigttexte

Von derselben Autorin sind im Luther-Verlag erschienen:

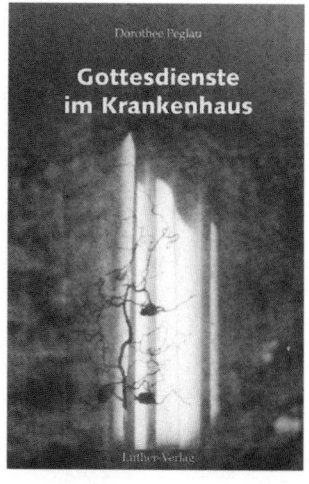

Dorothee Peglau
Gottesdienste im Krankenhaus
Arbeitshilfen für die Praxis

Neben 17 Ansprachen werden liturgische Materialien sowie Erläuterungen und Hinweise zur Durchführung von Gottesdiensten im Krankenhaus vorgestellt.
Ziel ist es, unter anderem durch Einbeziehung symbolischer Elemente und des Abendmahls, den Gottesdienst. so zu gestalten, dass Geborgenheit und Trost wie Gemeinschaft erfahren werden können.

132 Seiten, Paperback
€ 12,90
ISBN 978-3-7858-0405-6

Dorothee Peglau
Mach mir den Himmel auf
Für Menschen im Bedenken des Todes

Irgendwann begegnet uns das Sterben, meistens kommt es ungelegen: Beim Tod entsteht eine Lücke, Fragen bleiben offen, zu trauern kostet Kraft und Mut. Dies Buch ist für jeden, der sich beschäftigen möchte mit der Hoffnung über den Tod hinaus, um das Leben hier und jetzt dankbar zu genießen, verantwortlich zu gestalten und wenn es Zeit ist, guten Mutes los- und verwandeln zu lassen.

120 Seiten, Paperback
€ 13,90
ISBN 978-3-7858-0486-5

Luther-Verlag

Cansteinstr. 1
33647 Bielefeld

Telefon (05 21) 94 40 1 37
Fax (05 21) 94 40 1 36
E-Mail vertrieb@luther-verlag.de
www.luther-verlag.de

Register Liednummern EG